曹薰铉、李昌镐精讲围棋系列

布局实战 1

精讲围棋布局

曹薰铉围棋研究室 编著

化学工业出版社
·北京·

图书在版编目（CIP）数据

精讲围棋布局. 布局实战.1 / 曹薰铉围棋研究室编著. —北京：化学工业出版社，2019.2
ISBN 978-7-122-33519-7

Ⅰ.①精… Ⅱ.①曹… Ⅲ.①围棋-布局（棋类运动） Ⅳ.①G891.3

中国版本图书馆CIP数据核字（2018）第294584号

责任编辑：史 懿 杨松淼　　　　　　装帧设计：刘丽华
责任校对：王 静

出版发行：化学工业出版社（北京市东城区青年湖南街13号 邮政编码100011）
印　　装：大厂聚鑫印刷有限责任公司
710mm×1000mm　1/16　印张13¾　字数212千字　2019年4月北京第1版第1次印刷

购书咨询：010-64518888　　　　　　　　售后服务：010-64518899
网　　址：http://www.cip.com.cn
凡购买本书，如有缺损质量问题，本社销售中心负责调换。

定　价：49.80元　　　　　　　　　　　　　　版权所有　违者必究

围棋是中国的国粹，它能启发智力，开拓思维，是一项非常有益的修身养性的娱乐活动。成人通过学习围棋，可以培养自己良好的心境和大局观；儿童通过学习围棋，可以培养耐心，提高注意力，锻炼独立思考能力，挖掘思维潜能，学习围棋对课业学习有十分明显的帮助。

  那么如何学习围棋？如何学好围棋？什么样的围棋书才能更有针对性地提升棋艺水平？

  韩国棋手曹薰铉、李昌镐不仅是韩国围棋的代表人物，在国际棋界也有举足轻重的地位。我们经与曹薰铉、李昌镐本人直接接洽，使得本系列书得以顺利出版。

  本系列书包括定式、布局、棋形、中盘、对局、官子、死活、手筋共8个主题，集曹薰铉、李昌镐成长经验和众多棋手的智慧于一体，使用了韩国职业棋手的大量一手资料，其难度贯穿了围棋入门、提高、实战和入段等各个阶段，内容覆盖了实战围棋各个方面，是非常系统且透彻的围棋自学读物。

  《精讲围棋布局．布局实战1》着重培养围棋爱好者的学习兴趣和思维方式，重视布局阶段大局观的培养，从实地、外势、薄厚、攻防等角度，引导读者找准布局要点，强调实战。

  本书由陈启承担资料翻译、整理工作，由石心平、范孙操负责稿件审校，并得到曹薰铉、李昌镐围棋研究室众多成员的大力协助，在此对他们的辛勤劳动表示诚挚的感谢。

  衷心希望广大围棋爱好者能通过学习本书迅速提高棋力，并由此享受围棋带来的快乐。

编著者

2019年1月

第1章　实战下一手棋　　　　　　　　　　　　1

实战图1　位置的考虑　　　　　　　　1
实战图2　是扩张还是消对方势力　　　7
实战图3　如何处理下边　　　　　　　13
实战图4　扩张和牵制　　　　　　　　19
实战图5　局势的要点　　　　　　　　25
实战图6　正确的定式选择　　　　　　31
实战图7　选择的余地　　　　　　　　37
实战图8　如何抓住对方的失误　　　　43
实战图9　维持大势平衡　　　　　　　49
实战图10　全局的焦点　　　　　　　　55
实战图11　恰当的对策　　　　　　　　61
实战图12　自己扩张还是牵制对方　　　67
实战图13　布局的头绪　　　　　　　　73
实战图14　对方问应手时　　　　　　　79
实战图15　应付飞封　　　　　　　　　85
实战图16　局面均势的焦点　　　　　　91
实战图17　积极的对策　　　　　　　　97

实战图 18	以快步调对付厚势	103
实战图 19	棋子的配置	109
实战图 20	应对的策略	115
实战图 21	温和地控制局势	121
实战图 22	决定挡的方向	127
实战图 23	考虑对方的反击	133
实战图 24	后续手段	139
实战图 25	攻击的方法	145
实战图 26	变着的应对	151
实战图 27	消势的手段	157
实战图 28	积极地控制局势	163
实战图 29	主动权的争取	169
实战图 30	主动权的掌握	175

第2章　布局技巧练习　　181

问题 1	把握外势的价值	181
问题 2	选择牵制的方向	185
问题 3	外势和实地的协调	189
问题 4	外势的利用	193
问题 5	局面的头绪	197
问题 6	白棋的下一手棋	201
问题 7	侵消的要点	205
问题 8	判断应否出逃	209

第1章
实战下一手棋

实战图1　位置的考虑 ▶▶

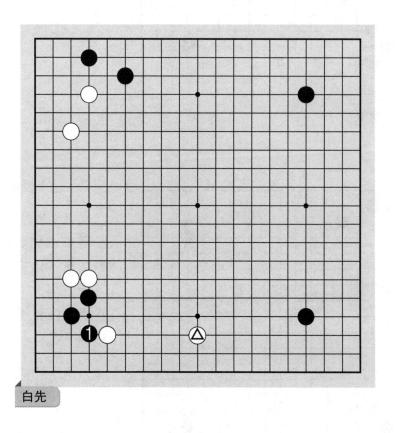

白先

这是第5届"棋圣战"挑战赛曹薰铉与李昌镐（黑）的实战图。现在黑1尖，问白棋的下一手棋。白棋应考虑白△的位置，再决定下一位置。

图1 经过图

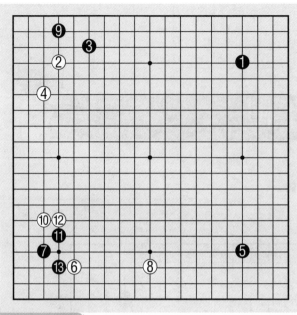

图1 经过图

黑1、3、5的步调很快,是黑棋有力的作战方式。白6占目外,黑7马上挂,是黑棋一贯的积极方法。黑9飞角时,白10夹到黑13是实战的经过。

图2 过于受定式束缚

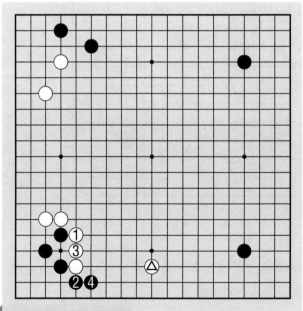

图2 过于受定式束缚

白1扳是过于拘泥于定式的棋。白1后,黑2在下边扳是好棋,下至黑4时,由于白△所处位置不很正常,白棋不满。

图3 白棋重复

白1长虽是最易考虑到的棋,但黑2以下到白5都是必然的进程,下至黑8时,白棋不满。白9粘的棋形与白△重复。

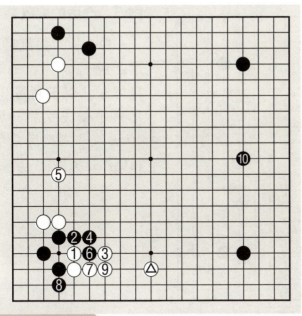

图3 白棋重复

图4 严厉的打入

黑△时,白棋脱先更不好。白1分投,以下到白7,白棋是重视右边的手法。但黑8打入过于严厉,白棋很难承受。

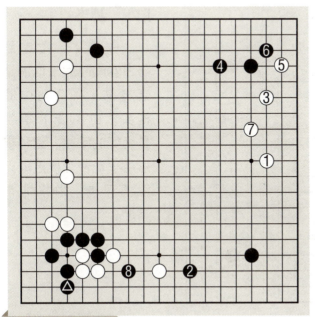

图4 严厉的打入

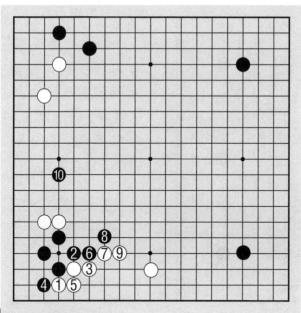

图5 严厉的夹攻

白1扳又如何呢？黑2虎是急所，白3只好长。以下到黑8，黑棋争得先手后，黑10夹攻非常严厉，白棋仍然是劣势。

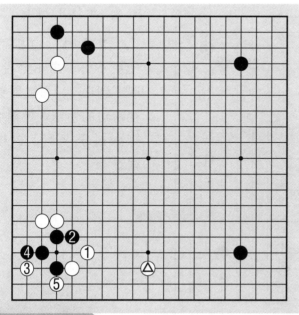

图6 适当的尖

白1尖是考虑到与白⊙间隔后采取的适当方法。黑2向中腹挺头，白3、5掏黑空是绝好的手段。这种棋形由于能使黑棋走成无根的浮棋，白棋非常满足。

图7 封锁

白1尖时,黑2、4、6是拒绝图6结果的进行。但到白7为止,白棋将黑棋向中腹的出路全部封锁,黑棋当然不满。

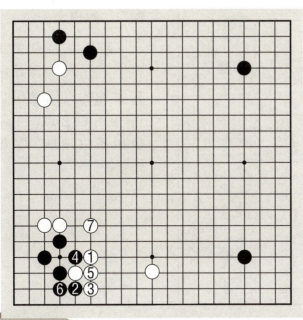

图7 封锁

图8 黑棋最好的方法

黑1虎向中腹出头是黑棋最好的方法。其后白2非常机敏地利用先手,使黑3粘,白4、6打吃黑棋一子,黑7占地生根。

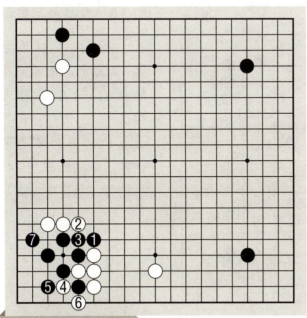

图8 黑棋最好的方法

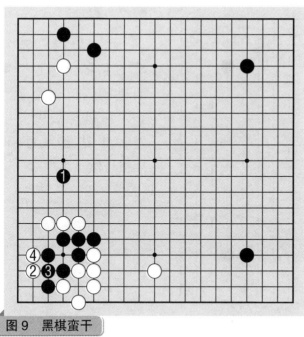

图9 黑棋蛮干

图9 黑棋蛮干

图8中如省去黑7，而走本图黑1欲先发制人，则是黑棋蛮干。白2点，白4退破黑棋根地，黑棋难受。

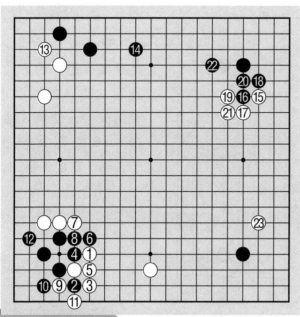

图10 实战的进行

图10 实战的进行

白1尖，以下到黑12为止，都是双方最佳的进行。白棋争得先手后，率先在左上行棋，形势双方差不多。最后结果是245手结束，黑棋中盘胜。

实战图2　是扩张还是消对方势力 ▶

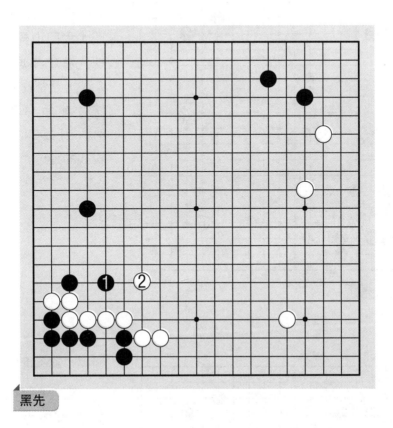

黑先

　　这是第5届"棋圣战"本选赛曹薰铉与尹铉石三段（白）的对局。黑1跳，白2扩张自己的势力。黑棋目前应考虑是首先扩张自己的势力，还是消右侧白棋的势力。

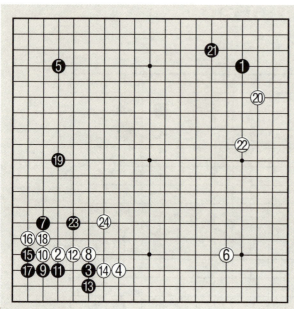

图1 经过图

黑1、3、5与实战图1大同小异,步调很快。白6占据高目,黑7双飞燕都是积极的手法。其后白8靠取厚势,到白24为止,是实战的经过。

图1 经过图

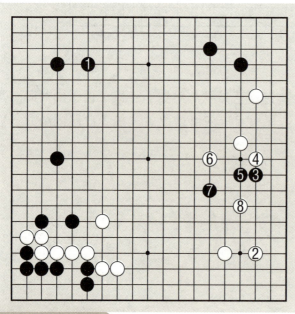

图2 急躁的防守

黑1防守,扩张自己的势力,但白2缔角时,白棋的势力范围要比黑棋更大,黑棋不满。黑3打入,白4以下到白8,黑棋受攻,处于劣势。

图2 急躁的防守

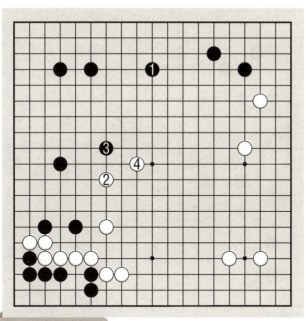

图3 黑棋模样小

图3 黑棋模样小

白棋守角时,黑棋不在右边打入,而是黑1防守,其结果很难想象。白2跳是势力扩张的重要位置,黑3挡,白4飞,黑棋无法与白棋的势力范围相抗衡。

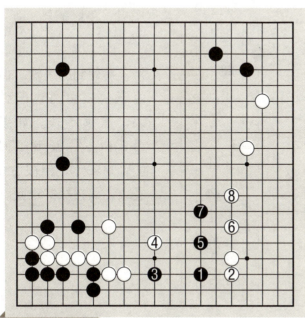

图4 轻易走厚

图4 轻易走厚

黑1打入的手段又如何呢?黑1打入后,白2立是攻击要领。黑3拆时,白4以下到白8,白棋通过攻击轻易使右边走厚。

图5 两面受攻

白⚁时，黑棋不在4位逃跑，而在1位打入，这是非常坏的棋。白2、4将黑棋一分为二，并对其实施攻击，黑棋难以收拾局。

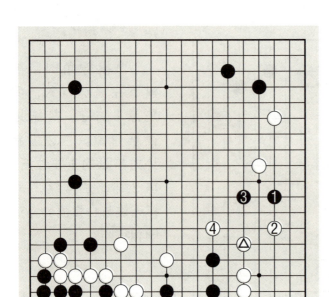

图5 两面受攻

图6 不好的挂

黑1飞挂，是非常容易想到的手法。但由于白棋势力过于强大，黑棋不快。如果白2补，黑3、5虽似能轻易安定，但被白6进攻，黑棋极其难受。

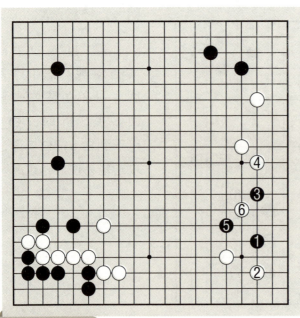

图6 不好的挂

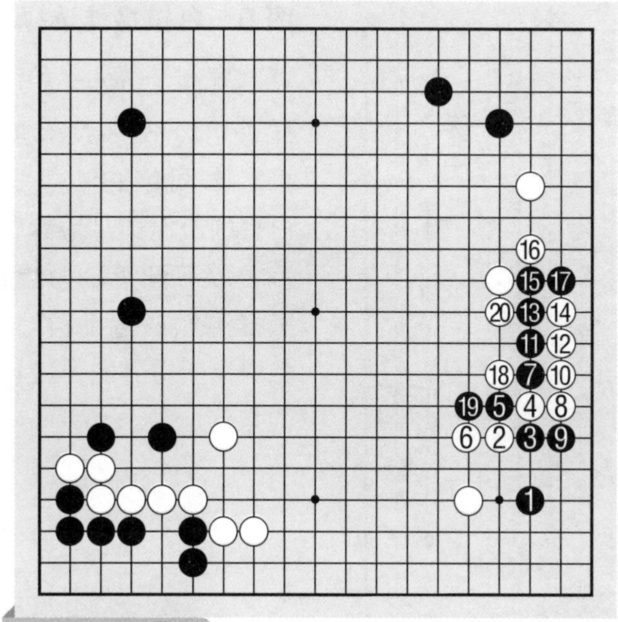

图7 黑无应手

黑1挂情况又如何呢？此时白2、4采取强硬手段是好棋。黑棋以征子有利为前提，黑5断，白6长，以下到白14，白棋在二线爬是最强手，其后到白20为止，黑无应手。

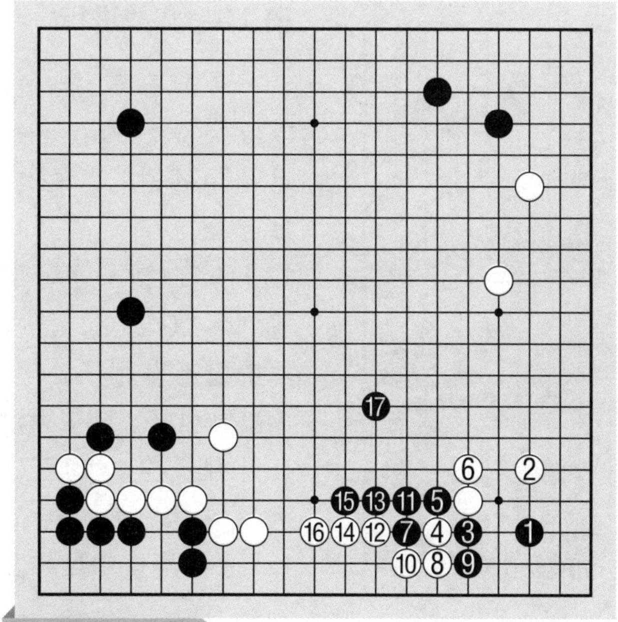

图7 黑无应手

图8 恰当的挂

黑1在三三位低挂求安定，是黑棋最佳的选择。白2如果飞，黑3、5靠断，以下到黑15为止，黑棋能争得先手。等白16长后，黑17整形，黑棋大获成功。

图8 恰当的挂

图9 白棋最佳选择

白棋如像图8那样进行,几乎没有胜机。本图中白1尖是白棋的最佳选择。其后黑2以下到黑8为止,黑棋虽然取得了实地,但白棋所得到的外势也很充分。

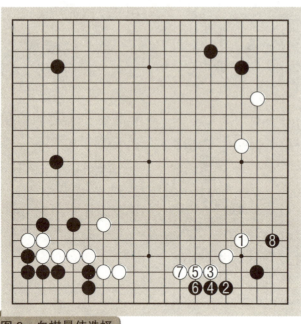

图9 白棋最佳选择

图10 实战进行

黑1三三挂角,以下到黑9为止,都是预想的进行。白10靠是疑问手,黑11、13打吃白棋一子,以下到黑29为止,黑棋两块棋都得到了处理,黑棋局面好。结果黑棋在开盘不久,就已确定了胜势。最后全局171手,黑棋中盘胜。

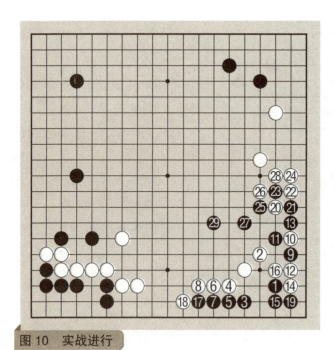

图10 实战进行

实战图3 如何处理下边

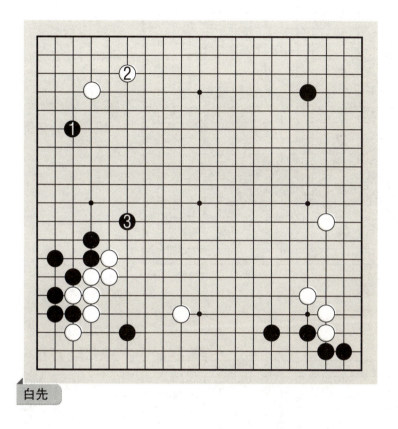

白先

这是第28届"王位战"挑战赛曹薰铉与姜训七段（黑）的对局。黑1、3扩张左边势力，白棋现在应如何处理下边的棋局？

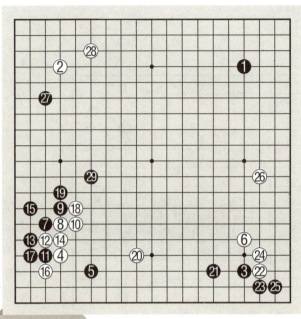

图1 经过图

图1 经过图

黑棋占取小目和星位，白棋以二连星相对抗，下到白26，完成右下角的定式。黑27、29扩张左边，形成实战的场面。

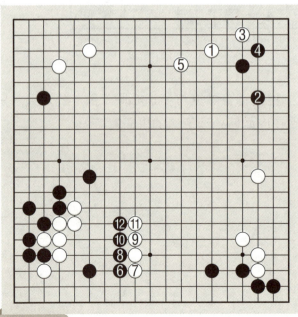

图2 浮棋

图2 浮棋

白1、3、5把重点放在上边，情况会如何呢？黑6当即打入是好棋，白7挡，以下到黑12为止，下边白棋成为浮棋。

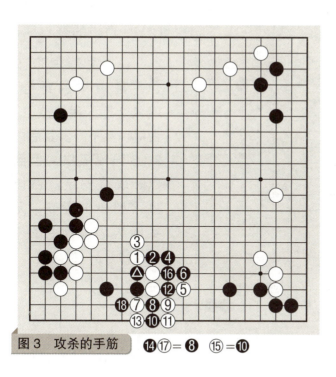

图3 攻杀的手筋

黑▲时，白1扳，黑2断是已准备好的强手。其后白3、5时，黑6尖是好棋，白7如果扳，黑8断是攻杀的手筋，以下到黑18时，白棋被全歼。

图3 攻杀的手筋　⑭⑰=❽　⑮=❿

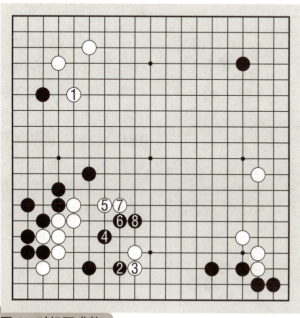

图4 时机不成熟

白1是牵制黑棋扩张势力的棋。但黑2打入，白棋无论如何下，都难有好的结果。白3挡时，以下到黑8为止，也是一种攻击办法，白棋当然处于劣势。

图4 时机不成熟

图5 白棋的野心

白1主动占取下边，是白棋的野心，但黑2打入手段成立，白棋仍然不好。其后白3、5强攻黑棋，但到黑8取得安定，白棋只得到一个空壳，无实际内容，而且白9还是后手。

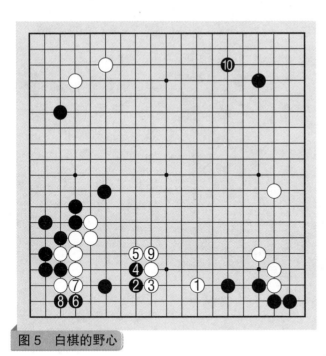

图5 白棋的野心

图6 余味

白1压制黑棋一子，是非常缺乏魄力的棋。黑棋一子虽然确实被白棋吃住，但白棋仍留有被黑棋A位断的余味，而且B位的大门仍敞开着，黑棋心情愉快。

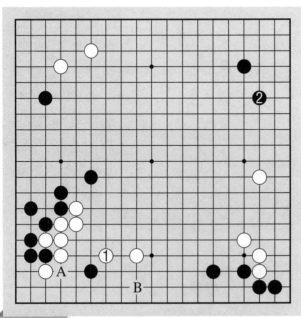

图6 余味

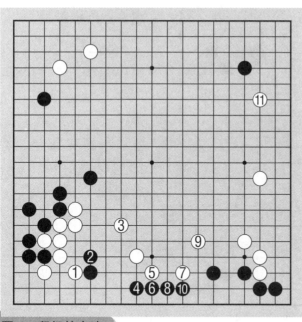

图 7 积极的方法

图 7　积极的方法

白 1 尖问黑棋的应手是好棋。如果黑 2 当即策动，白 3 封也是好棋。黑 4 以下到黑 10，黑棋虽在低位渡过，但白 11 以外势为背景挂，白棋十分满足。

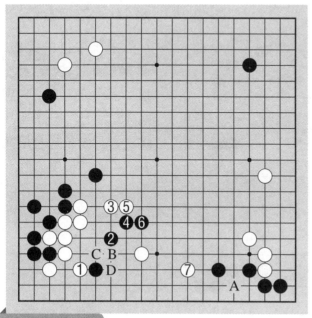

图 8 白棋充分

图 8　白棋充分

白 1 时，黑 2 是拒绝图 7 进行的棋，但白 3、5 争得先手后，白 7 大飞，黑棋仍然不好。以后白棋不仅可在 A 位点，而且还有白 B、黑 C、白 D 求左右连接的手段。

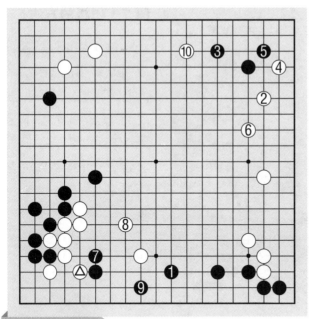

图9 白棋舒展

图9 白棋舒展

白⊿后，黑1拆二也不是好棋，白棋可不在下边应，而在右边扩张。其后黑7长，白8争得先手后，白10拦又是好棋。从全局来看，白棋舒展。

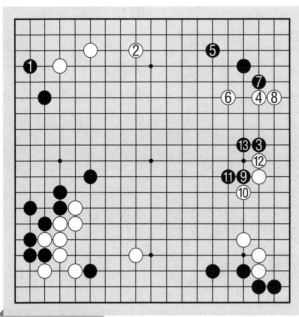

图10 实战进行

图10 实战进行

由于白棋的尖顶，黑棋发现下边已无价值。黑1飞，以下到黑13为止，均是实战的进行。结果是全局共172手，白棋中盘胜。

实战图 4　扩张和牵制

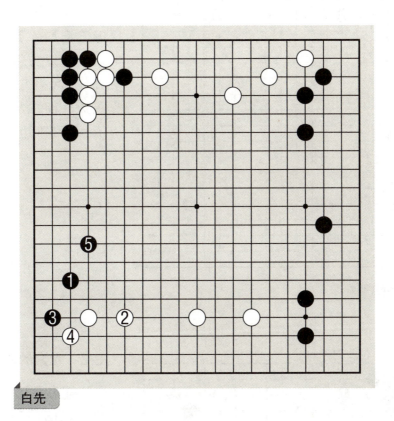

白先

　　这是第 28 届"王位战"本选赛曹薰铉和郑寿铉七段（黑）的实战图。黑 1、3、5 后，定式告一段落。此时，白棋应全面考虑如何扩张自己上边势力和侵消黑棋右边势力。

图 1 经过图

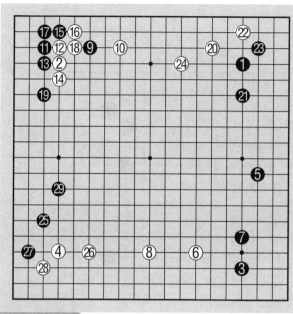

图1 经过图

黑棋以中国流对白棋二连星，下到黑29为止，双方互相扩张势力。黑棋占取左边和右边，而白棋则占取了上边和下边。

图 2 无为的防守

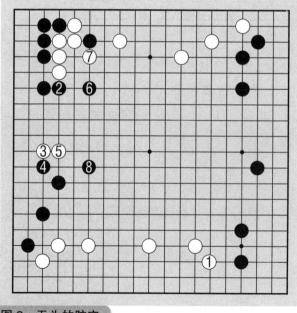

图2 无为的防守

白1尖的目的是将下边的门封住，但是步闲棋。黑2长是局势的要点，其后白3打入，以下到黑8为止，白棋受攻。

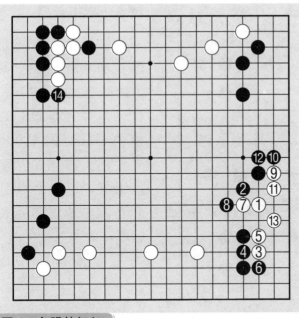

图3 急躁的打入

图3 急躁的打入

白1立即打入黑阵，在目前情况下时机不成熟。黑2尖是好棋，以下到白13，白棋后手求活后，黑14占据要点，白棋布局失败。

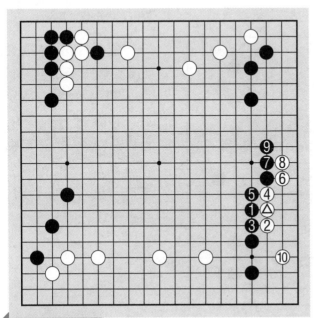

图4 活得很大

图4 活得很大

白△时，黑棋不像图3那样进攻，而黑1压则是错着。以下到白10为止，白棋在黑棋阵营中活得很大，结果黑棋失败。

图5 黑棋很厚

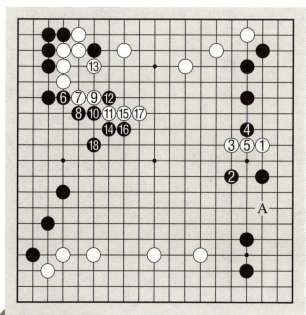

图5 黑棋很厚

白1打入黑阵仍然是时机不成熟。黑2跳防备白棋在A位打入，并且是攻击白棋的要领。黑4争得先手后，占据左边要点绝好，以下到黑18为止，左边黑棋走得很厚。

图6 无理打入

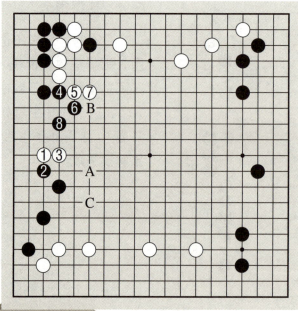

图6 无理打入

白1打入结果会如何呢？黑2尖顶，白3长时，黑4长绝好，以下进行到黑8，白棋非常难受。以后白A逃跑，黑B争得先手后，黑C切断白棋，白棋受攻。

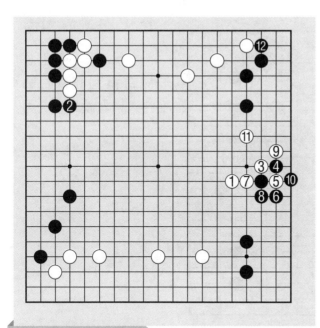

图7 白棋脱离主战场

白1镇是消右边黑势的手段,但被黑2占据要点之后,白1有脱离主战场的感觉。白3靠,以下到白11,白棋虽具有气势,但黑12下立,黑棋安定之后,白棋并不便宜。

图7 白棋脱离主战场

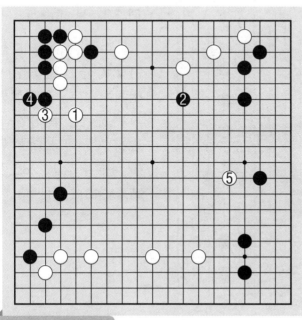

图8 左边是焦点

白1飞牵制黑棋左侧势力,同时扩张上边白势,是当务之急。其后如果黑2扩张右边势力,白3争得先手后,白5镇是好棋。结果白棋占据的全部是好位置。

图8 左边是焦点

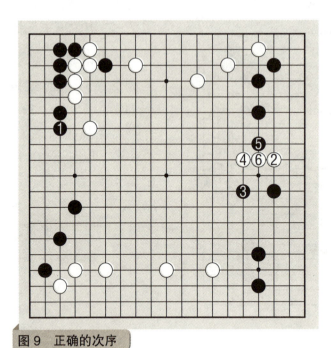

图9 正确的次序

图9 正确的次序

黑1长避免图8被白棋利用,白2再打入消右边黑棋势力。

图9 正确的次序

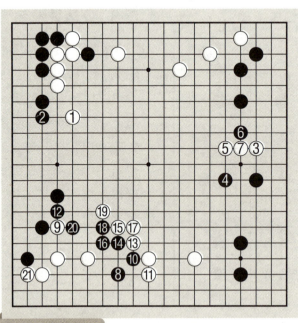

图10 实战进行

图10 实战进行

白1飞,以下到白7为止,是与图9相同的次序。其后黑棋争得先手,黑8在下边打入,寻求新的战事。结果全局282手结束,白胜5目半。

图10 实战进行

实战图5　局势的要点 ▶▶

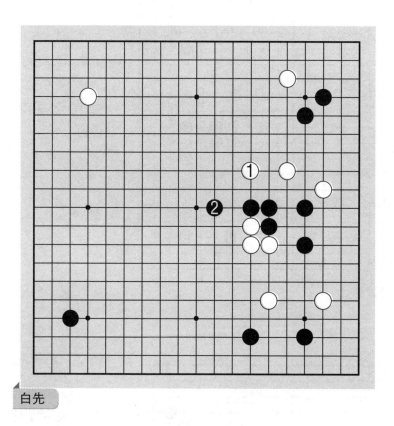

白先

这是第28届"王位战"本选赛曹薰铉与李昌镐（黑）的实战图。右边正在进行激烈的搏杀。白1跳向中腹出头，黑2同样跳出头。现在白棋应寻求把握局势的要点。

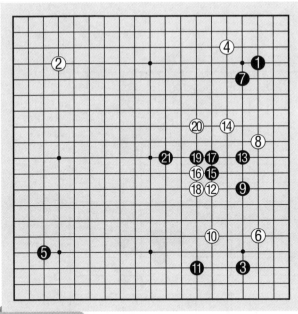

图1 经过图

图1 经过图

黑1、3、5布局，白2、4、6应法积极。引起战火的是白8拆边时黑9夹攻，其后白10到黑21是实战经过。

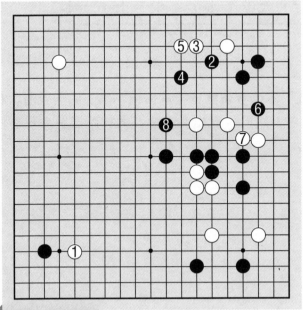

图2 白棋难受

图2 白棋难受

白棋不与黑棋在右边交战，而是白1他投，简直难以想象。黑2、4分断上下白棋，其后黑6、8展开进攻，黑棋非常满足。白棋在求活时肯定会受折磨。

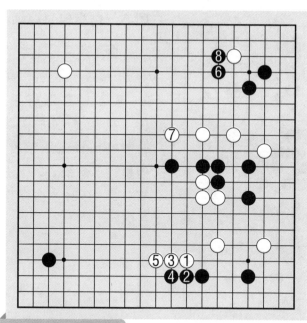

图3 白棋一无所获

图3 白棋一无所获

白1、3的目的是安定下侧白棋大龙。但黑2、4先手取得实地，其后黑6转向右上是好棋，结果白棋失算。

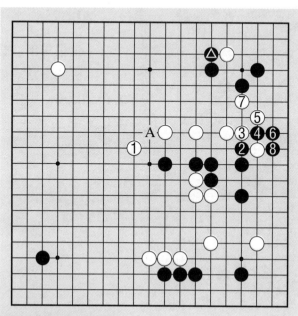

图4 黑棋轻松安定

图4 黑棋轻松安定

黑❷压制白棋角上一子时，白1飞封欲挽回损失，但黑2、4是轻易获取安定的手段，进行到黑8，白棋不可能对黑棋继续攻击。此后黑可伺机于A位搭断白棋。

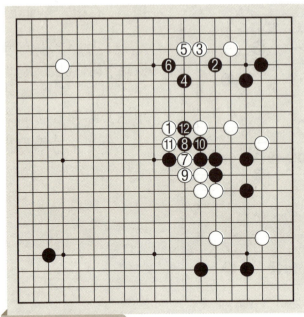

图5 白棋自寻麻烦

白1跳是最平常的下法。白1之后,黑2、4、6是整形好手。白7挖虽是在白1跳时就有所预谋的手段,但是过于急躁。以下进行到黑12时,白棋自找麻烦。

图5 白棋自寻麻烦

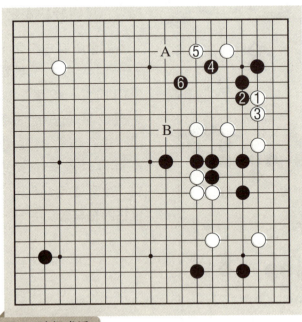

图6 消极求活

白1生根求活,却是过于消极的下法。以下进行至黑6,黑棋有在A位或B位的手段,白棋不满。

图6 消极求活

图 7　恰当的封锁

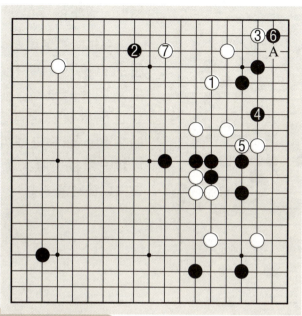

图 7　恰当的封锁

白 1 封住黑棋向中腹出头的方向是最恰当的手法，黑 2 分投重视上边。以下到白 7 为止，白棋通过攻击轻易定形，而且以后还有 A 位扳的余味。

图 8　过于急躁

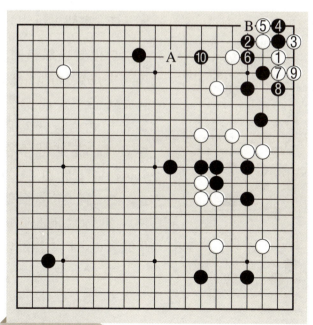

图 8　过于急躁

图 7 进行到黑 6 时，白棋不在本图中的 A 位展开，而是立即于 1 位扳，是过于急躁的下法。黑 2 到白 9 是双方最好的次序，接着黑 10 拆逼即可证明白棋的无理。由于黑 B 打吃是先手，黑棋联络不成问题。

图 9　黑棋的变化

白棋封锁黑棋向中腹的出头时，黑1尖拒绝图8的进行，而且也是尽快安定自己的手段。但白2跳可以攻击黑棋中腹大龙，白棋局势舒展。

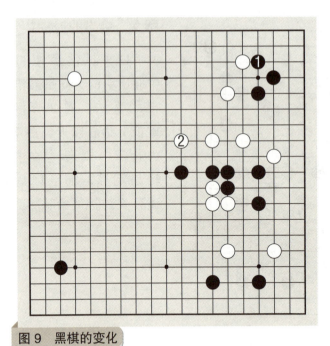

图 9　黑棋的变化

图 10　实战进行

白棋封锁黑棋时，黑1尖是实战的下法。其后白2跳，黑3刺是希望白A连，然后黑B虎，但实战中白4靠，以下到白14为止，白棋的布局很轻快。全局结果是144手结束，白棋中盘胜。

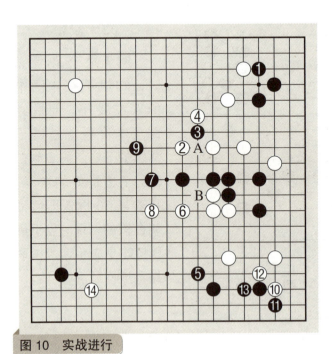

图 10　实战进行

实战图 6　正确的定式选择

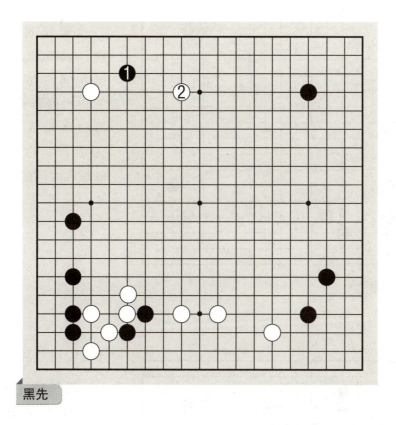

黑先

这是第 27 届"王位战"本选赛曹薰铉与韩铁均四段（白）的对局。黑 1 低挂，白 2 夹攻。黑棋应充分考虑到左边黑棋棋子的布置，选择正确的定式。

图1 经过图

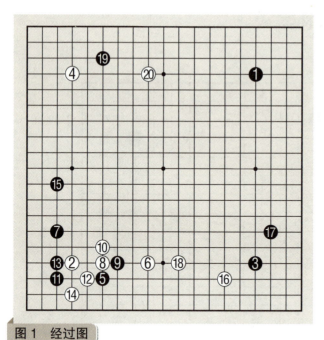

图1 经过图

本局黑白双方均以二连星相对。黑5低挂,以下到白18,黑棋两侧占角,而白棋下边也确实得以巩固。黑棋争得先手后,黑19低挂,白20夹攻,形成实战图的场面。

图2 猛烈攻击

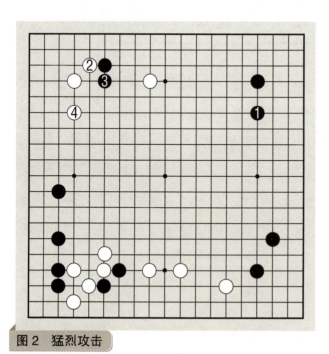

图2 猛烈攻击

黑棋置左上不顾,黑1脱先是疑问手。白2、4是猛烈攻击黑棋的好次序,而且下侧很厚的白棋正蓄势待发,黑棋面临苦战。

图3 黑棋低位

黑1点三三是最易考虑的手法。但白2以下到黑9，黑棋被压在低位，黑棋不满。白10以势力为后盾挂角，白棋局面好。

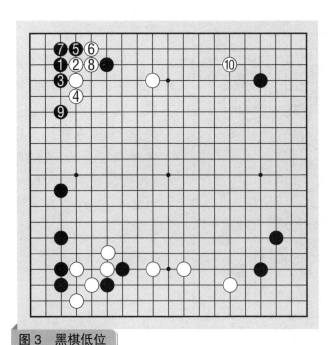

图3 黑棋低位

图4 大同小异

黑1双飞燕，结果仍与图3大同小异。以后白2靠到白8打，白棋在上边筑成厚势。左边黑棋全部被压在三线上，黑棋不快。

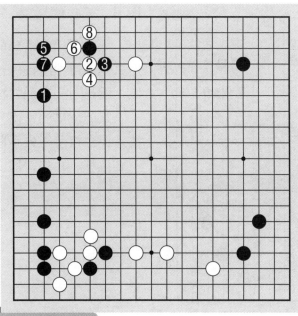

图4 大同小异

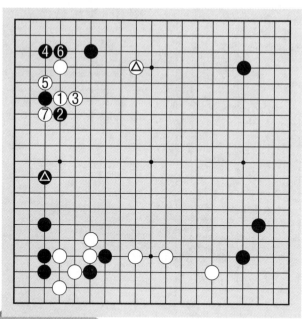

图5 错误的靠

图5 错误的靠

如果黑棋双飞燕时，白1靠是方向错误。黑2以下到白7都是预想的进行，白棋外势受到黑子的限制，而且夹攻黑棋的白△一子的位置也不正常。

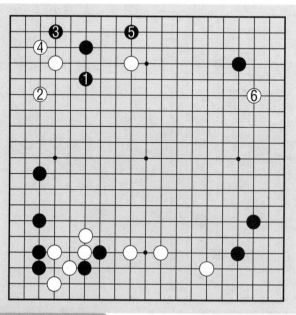

图6 乏味的结果

图6 乏味的结果

黑1跳到黑5的定式是最平常的进行。黑1跳是对夹攻的白棋一子实施反攻的常用方法。但白棋争得先手后于6位挂，白棋舒服。

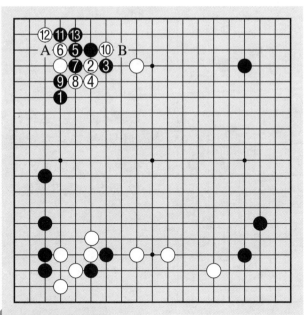

图7 正确的选择

图7 正确的选择

黑1一间高夹是正确的选择。如果白2靠，黑3、5是好棋，其后白6挡，黑7、9断是强手，下至黑13时，黑棋有A位和B位的手段，黑棋非常满足。

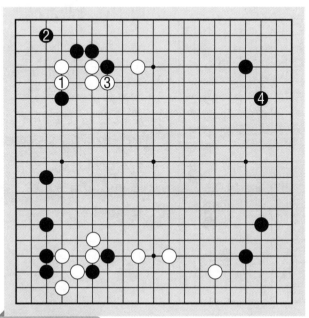

图8 牵制势力

图8 牵制势力

白棋不能挡角，只好白1双，其后黑2飞，到白3为止，是外势与实地的必然交换。但在左边，由于白棋势力受到边上黑棋的牵制，白棋不满。

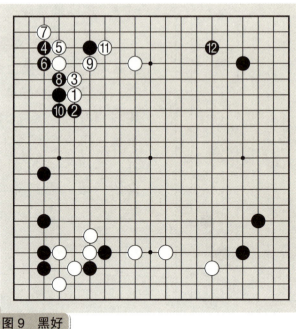

图9 黑好

白1换个方向靠，黑2扳后，黑4点三三是好棋，以下到白11是基本定式。这种结果是黑棋先手在左边捞取实地，尤其能首先下黑12要点，黑棋满足。

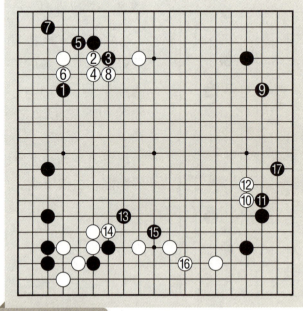

图10 实战进行

黑1一间高夹，以下到白8，都是实战的进行。黑棋争得先手后，在右上缔角，白10、12扩张下边的势力与黑棋对抗。全局结果是258手结束，黑胜14目半。

实战图 7　选择的余地

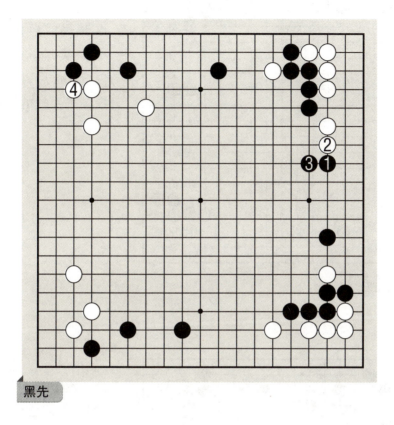

黑先

　　这是第 1 届移动通信杯"倍达王"战冠军决赛第四局曹薰铉与李昌镐（白）的实战图。黑 1 拦，白 2 顶，黑 3 长后，白 4 占据左边大场。其后黑棋是扩张自己的势力，还是消对方的势力，面临艰难选择。

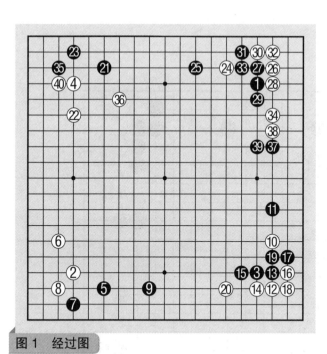

图1 经过图

图1 经过图

黑白双方均以二连星开局，白棋捞取了不少实地。黑37拦，白38应后，白40他投，是实战的经过。

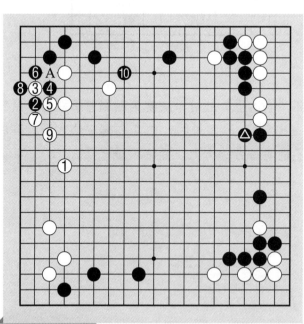

图2 白棋失算

图2 白棋失算

黑▲时，白不在A位挡，而是于1位连片，则白棋失算。黑2大飞捞取实地，白3以下到白9，白棋整顿左边，黑棋争得先手后，占据上边，黑棋非常满足。

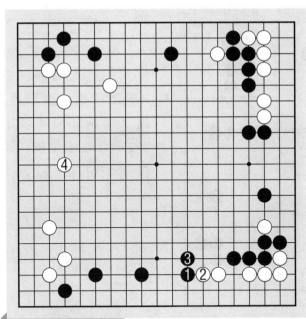

图3 黑棋大势落后

图3 黑棋大势落后

黑1拆兼拦,且有后续手段,但白2顶后黑3是后手,白4占据左边大场,黑棋在大势上落后。

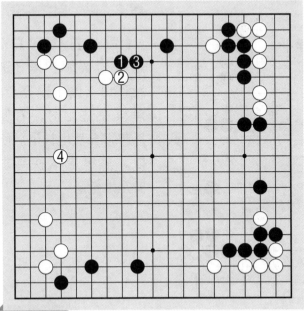

图4 消极

图4 消极

黑1防守是重视上边的棋。但黑1把势力变成实空的设想却是低级棋手的错误。白2争得先手后,白4占据左边要点,黑棋布局不利。

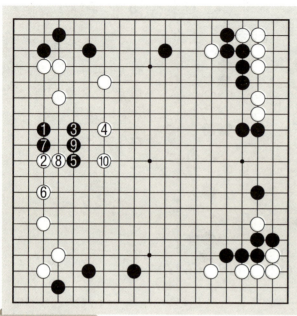

图5　单纯逃跑

黑棋在左边打入，但黑1选点错误，白2破黑棋根地很严厉，黑3逃跑，白4以下到白10攻击黑棋，黑棋被动挨打。

图5　单纯逃跑

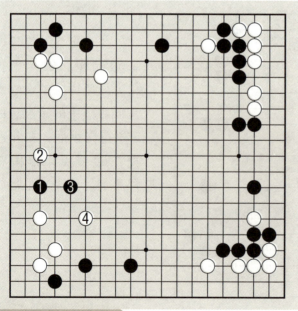

图6　黑势自然被消

黑1打入，白2是攻击要领。黑3逃跑，白4追击很充分。黑棋在逃跑时，右侧黑势很自然地被消。所以，黑棋应尽快寻求安定之策。

图6　黑势自然被消

图7 正确的分投

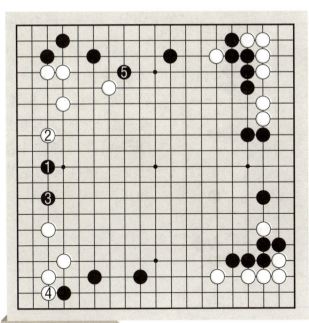

图7 正确的分投

黑1分投是正确的，白2夹攻，黑3拆一整形。白4确保根地，黑5脱先，结果是黑棋占取了全部好点。

图8 攻击不成立

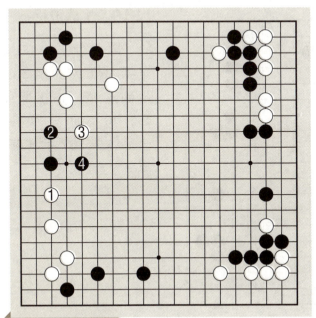

图8 攻击不成立

白1逼攻时，黑2拆是与图7同样的求安定手法。白3追攻，黑4跳是好棋，由于上侧进攻的白棋本身也是弱形，因此黑棋不再受攻。

图9 黑棋根地不确定

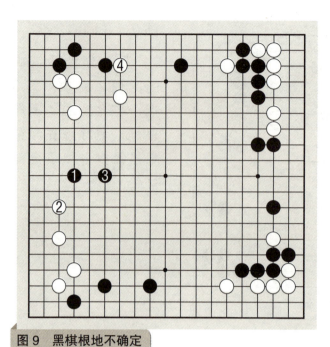

图9 黑棋根地不确定

同样是分投，但本图中的黑1高一路则不合适。白2拆逼，破黑棋的根地。黑棋由于无根，只好向中腹逃跑，这样会对右侧黑棋产生坏的影响。

图10 实战进行

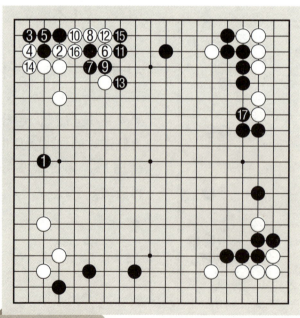

图10 实战进行

黑1分投，白2是实战下法。黑3以下到黑17，白棋取实地，黑棋明显厚势。全局结果167手结束，黑棋中盘胜。

实战图 8　如何抓住对方的失误

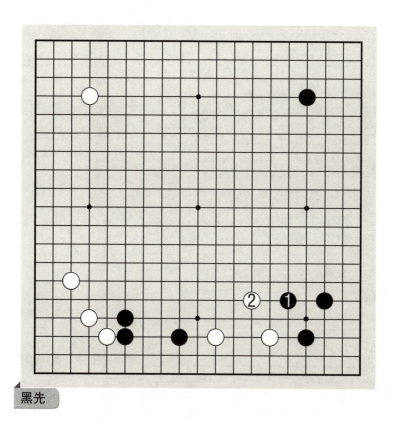

黑先

这是第 1 届移动通信杯"倍达王"棋战八分之一决赛曹薰铉与张秀英九段（白）的实战对局。黑 1 率先发动攻击，白 2 飞。白 2 是没有考虑到棋形弱点的重大失手。黑棋应该如何利用白棋的失误来控制局面？

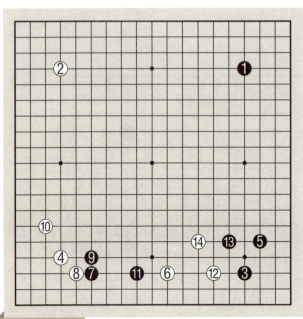

图1 经过图

黑1、3、5是很坚实的布局，与其相对抗的白2、4、6则以速度为主。黑7飞挂，白8尖顶，以下到白14是实战的经过。

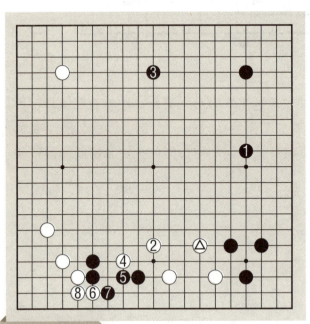

图2 率先攻击

黑1是认为白△飞已使下边告一段落而采取的手法。但被白2率先发起攻击，黑棋错过了掌握大势主动权的机会。黑3再次脱先，虽然很有气势，但以下到白8为止，黑棋受到攻击而不满。

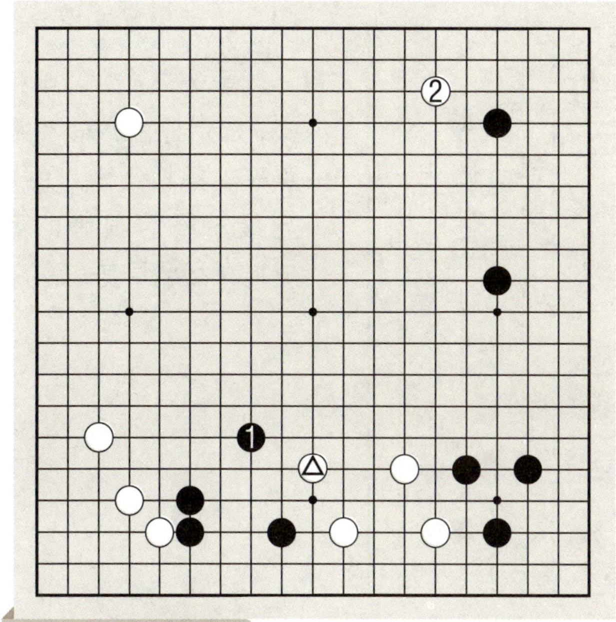

图 3　黑棋速度落后

白△飞时，黑 1 走象步，是否定图 2 中进行的一手棋，但被白 2 飞挂后，黑棋在速度上落后。

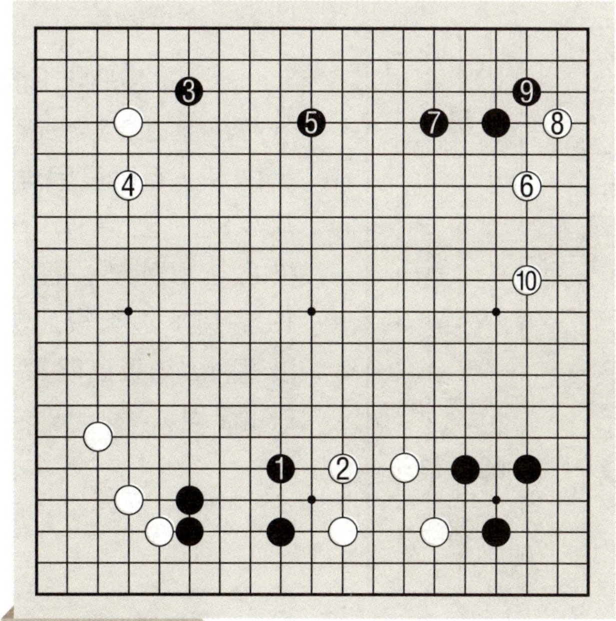

图 3　黑棋速度落后

图 4　黑棋平淡

黑 1、白 2 分别整形是最容易想到的。其后黑 3 在上边挂，到白 10 占据右边，都是预想的结果。但黑棋过于平淡。

图 4　黑棋平淡

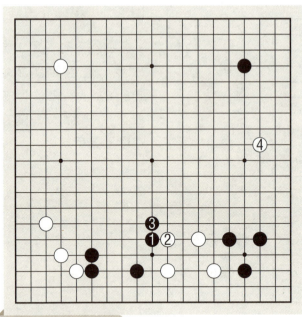

图5 白棋先手安定

图5 白棋先手安定

黑1飞比图4积极,但被白2先手靠整形,黑棋不满。白4分投,局面很细,形成持久战的局势。

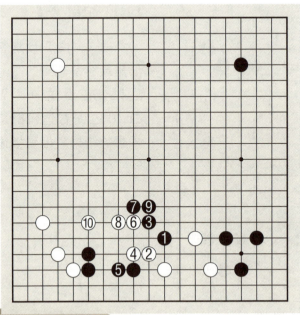

图6 无理的攻击

图6 无理的攻击

黑1虽是形状上的急所,但白2穿象眼,黑棋下一手棋很困难。黑3以下到黑9,黑棋虽获取外势,但白10封锁下边黑棋,黑棋不利。结果证明黑1攻击无理。

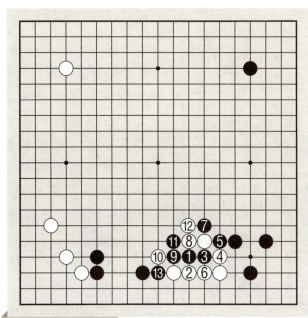

图7 攻击的急所

图7 攻击的急所

黑1穿象眼是严厉的攻击手段。白2试图连接，黑3、5切断是准备好的强手。其后下到黑13时，白棋陷入困境。

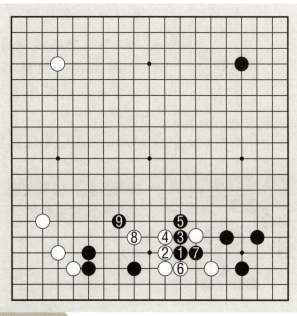

图8 黑好

图8 黑好

黑1时，白2、4极力向中腹出头，以下到黑7时，黑棋已确实得到利益。其后黑9象步飞，是准备好的着法。

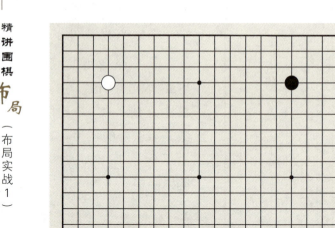

图9 白棋大损

图9 白棋大损

黑1时，白2靠，意图是有效处理自己的断点。以下到黑9为止，白棋虽在一定程度上补上了自己的断点，但使黑棋得到了角上实地，而且黑1仍处于棋形上的急所，白棋大损。

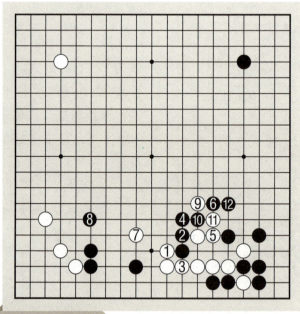

图10 实战进行

图10 实战进行

图9是实战进行，本图是图9的继续。白1长，然后白3补自己的断点，以下到黑12为止，黑棋获取了很厚的外势，白棋处于劣势。结果全局共103手，黑中盘胜。

实战图 9　维持大势平衡

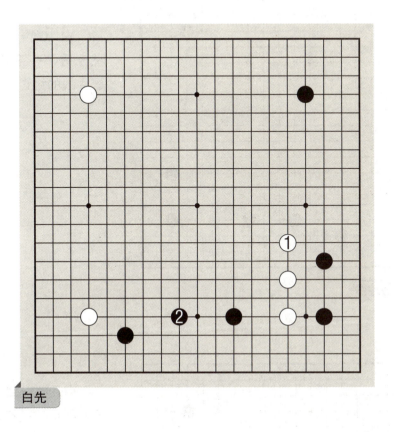

白先

这是第 18 届"棋王战"挑战赛曹薰铉与李昌镐（黑）的对局。白 1 向中腹跳，黑 2 重视下边。白棋如何才能追攻脱先的角上黑棋二子，以维持大势的平衡？

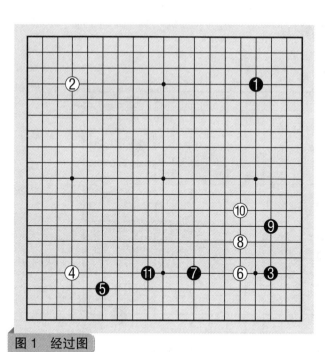

图1 经过图

图1 经过图

白8跳，黑9拆二，白10再跳，黑棋脱先后，在下边补棋，是实战的经过。

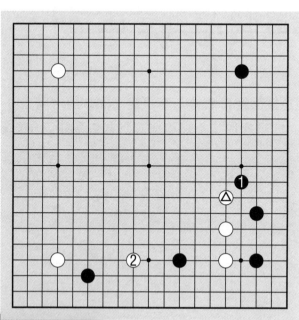

图2 平常的进行

图2 平常的进行

白△时，黑1补棋是最平常的进行，但白2攻击两侧黑棋，是一石二鸟的好点，所以黑棋才像实战图那样下。但这种进行的结果，仍是双方都很充分的形势。

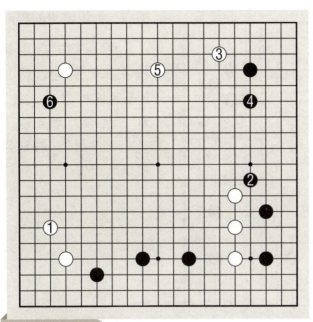

图3 白棋不满

图3 白棋不满

白1是最消极的下法，黑2补后，黑棋将把下边和右边好点全部抢去。白3、5占据上边，但白棋必须为下侧白棋大龙担心，白棋不满。

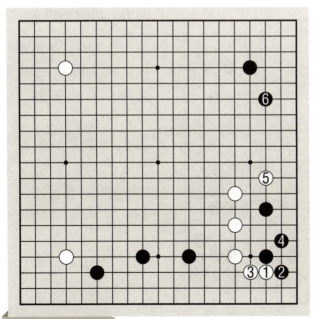

图4 错误的攻击

图4 错误的攻击

白1、3试图破黑棋根地并且对其实施攻击，但黑2、4非常具有弹性地整形，白棋不可能继续攻击黑棋。其后白5封，黑棋脱先，黑6缔角牵制白棋势力，白棋布局失败。

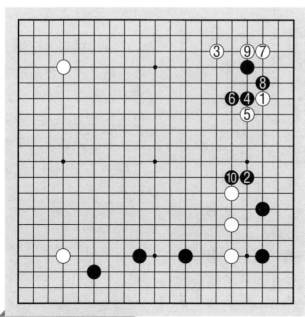

图5 右边理想的棋形

白1飞挂命令黑棋在3位防守,但黑2是反击的好手,白3双飞燕时,黑4以下进行到黑10,右边黑棋棋形理想。

图5 右边理想的棋形

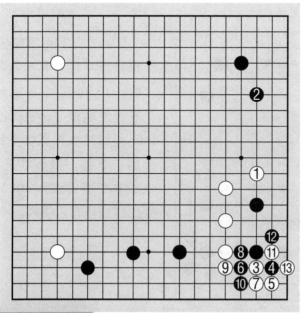

图6 黑棋困难

白1封锁黑棋是好棋。黑2缔角的意图是牵制白棋势力,却是过度贪心的一手棋。白3、5是严厉的攻击手段,以下到白13为止;黑棋非常困难。

图6 黑棋困难

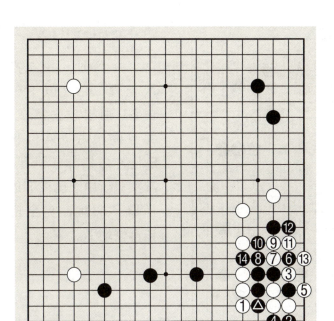

图7 白棋的野心

图7 白棋的野心

黑⚫时，白1的目的是全部吃住黑棋，但没有发现黑2是手筋，因此，白棋攻击过于急躁。以下到黑14为止，结果是白棋攻击不成反遭损。

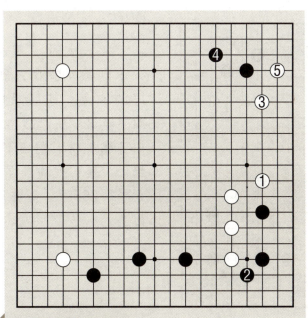

图8 双方最佳选择

图8 双方最佳选择

白1封锁，黑2尖补是正确的。其后白3飞挂是好棋，如果被黑棋占据3位，则白棋不满。以下到白5为止，是双方最佳的进行。

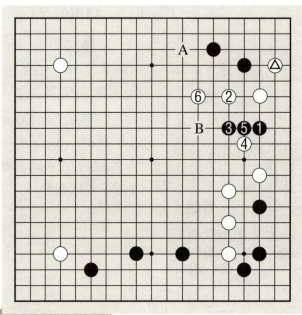

图9 无理的打入

图9 无理的打入

白△时，黑1打入无理，白2以下到白6，白棋攻击黑棋，并且伺机占据A位和B位，白棋非常满足。其实黑棋由于已在下边捞取了实地，完全应该慢慢地下。

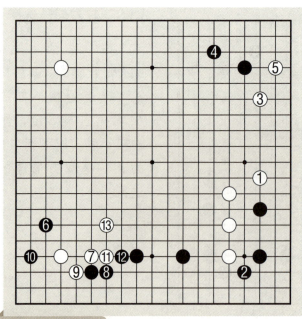

图10 实战进行

图10 实战进行

白1封时，黑2以下到黑4是双方最好的次序。其后黑6双飞燕试图挑起战事，白7靠，以下到白13整形，是实战的进程。全局共268手，黑胜5目半。

实战图 10　全局的焦点 ▶▶

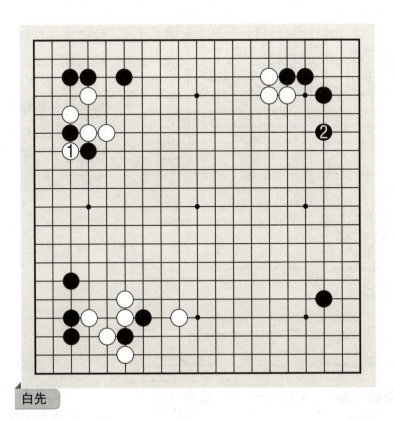

白先

　　这是第 37 届"国手战"挑战赛曹薰铉与李昌镐（黑）的实战对局。白 1 完成左上角的定式，黑 2 跳捞取实地，现在全局的焦点是白棋如何处理上边三子。

图1 经过图

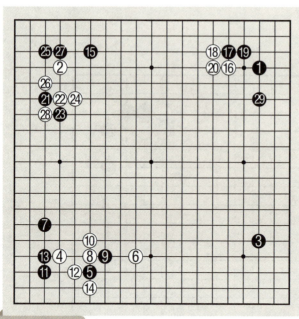

图1 经过图

黑1、3、5步调很快地布局，白棋以厚势相对抗。进行到黑29时，明显是黑棋实地与白棋外势相抗衡的实战经过。以后白棋如何处理右上三子是全局的关键。

图2 方向错误

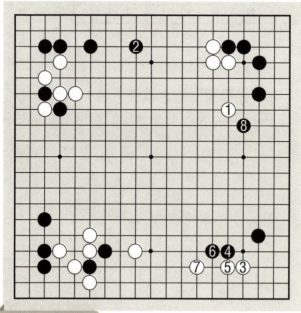

图2 方向错误

白1是忽视了角、边和中腹基本布局次序的棋，黑2拆冷静地确保实地是要领。其后白3挂，黑4以下到黑6都是预想的进程。黑棋争得先手后，黑8飞是好棋。黑棋布局非常满意。

图3 大同小异

白1挂是在上边走完之后最应优先考虑的位置，但到黑4，黑棋争得先手。黑6是严厉的攻击手段，进行到黑8，结果与图2大同小异。

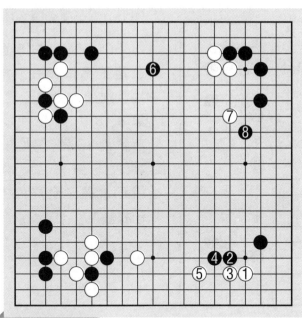

图3 大同小异

图4 白棋迟缓

白1拆逼瞄着对方的弱点，并且扩张自己左边势力，但黑2争得先手后，黑4是很严厉的攻击手段，白棋不满。白5之后，黑6缔角，黑棋抢占了最重要的位置。

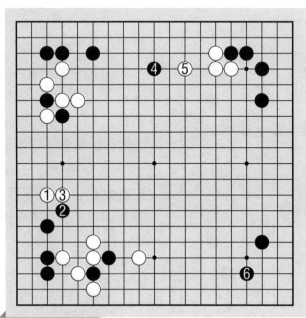

图4 白棋迟缓

图5 黑棋掌握主动权

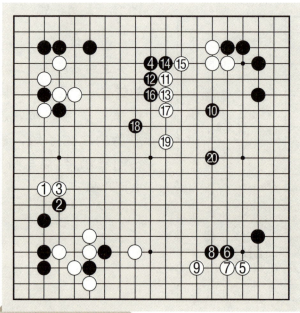

图5 黑棋掌握主动权

白1逼，白5置上边于不顾在右下角挂，则是大大的无理。黑6、8争得先手之后，黑10发起攻击，其后下到黑20，黑棋已掌握了全局的主动权。

图6 白棋乏味

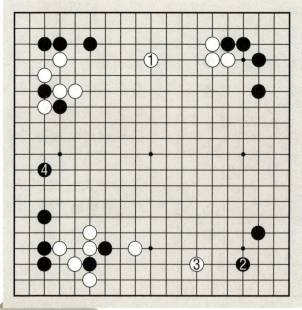

图6 白棋乏味

以上结果证明白棋不在上边补棋，肯定不好。白1立二拆三是遵循围棋基本原则的一手，但被黑2占据要点之后，白棋乏味。白3超大飞，黑4拆二，白棋仍然不满。

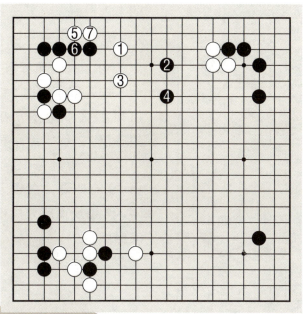

图7 有效的拦

图7 有效的拦

白1拦是针对黑棋弱点的手法，也是目前状况下最恰当的。黑2是黑棋的贪心，白3跳争得先手后，白5点是很严厉的，到白7为止，白棋形成对角上黑棋的进攻态势，白棋非常满足。

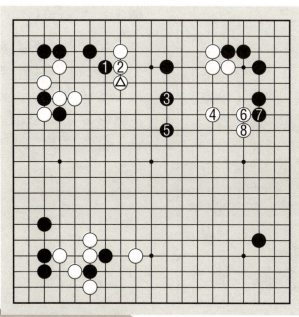

图8 黑棋的应急措施

图8 黑棋的应急措施

图7中白⊿跳时，黑1刺是临时补自己弱点的一手棋，但黑1与白2交换实际上也是恶手，白4、6、8整形之后，中间黑三子又成为黑棋的负担。

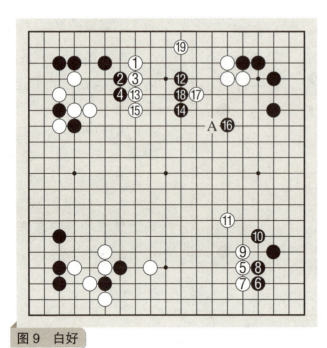

图9 白好

图9 白好

白1之后,黑2尖。白3时,黑4长。白5挂,以下到白11,白棋扩张下边是正确的。黑12吊的手段虽可考虑,但经白13到白19的处理,白棋无碍,A位反而成为黑棋的弱点。

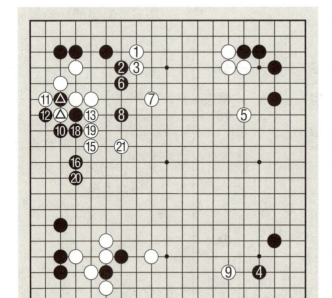

图10 实战进行　⑭=▲　⑰=△

图10 实战进行

白1、3之后,黑4脱先在右下角缔,其后白5扩张上边,以下到白21是实战的进程。全局结果194手结束,黑胜4目半。

实战图 11 恰当的对策

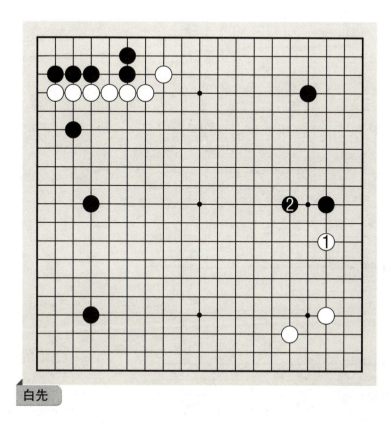

白先

这是第 3 届"维萨卡杯"挑战赛曹薰铉与李昌镐（黑）的实战对局。白 1 拆逼时，黑 2 跳向中腹。黑 2 是暗地里瞄着左上白棋七子的好点。白棋对此有何对策？

图1 经过图

下至白6时，黑7双飞燕到黑17，黑棋步调很快地施展自己的作战意图。白18缔角，以下到黑21，形成了实战的经过。

图1 经过图

图2 急躁的打入

白1立即打入过急，黑2靠，以下到黑10为止，黑棋取厚势是正确的。白棋虽先手取得实地，但白棋棋形重复，白棋不满。

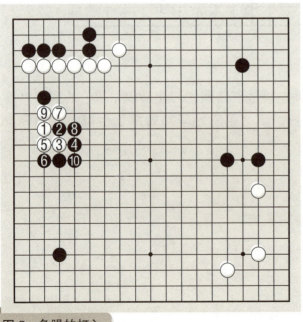

图2 急躁的打入

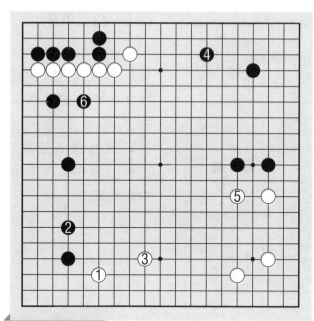

图3 大块浮棋

图3 大块浮棋

白1、3虽是白棋在下边扩张势力的要点，但黑4大飞守角，并且还是瞄着上边白棋大龙。白5跳，实施连贯的势力作战。黑6也跳，上边的大块白棋变为浮棋。

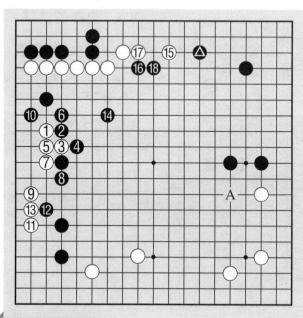

图4 缺乏对策

图4 缺乏对策

黑▲时，白棋不在A位跳，而是白1打入，则更加不利。白1打入后，黑2以下到白13，白棋后手做活是正确的。其后黑棋以势力为后盾，下至黑18，黑棋对白棋实施攻击，白棋缺乏好的对策。

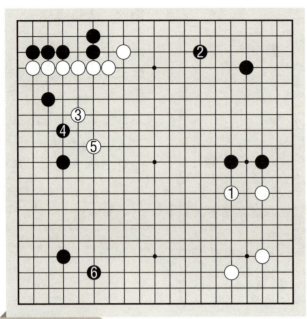

图5　白棋失算

白1单纯跳向中腹，时机仍然不好。黑2大飞同样是急所。白3、5为了安定自己，只好忍痛使黑棋走厚，黑6缔左下角，白棋失算。

图5　白棋失算

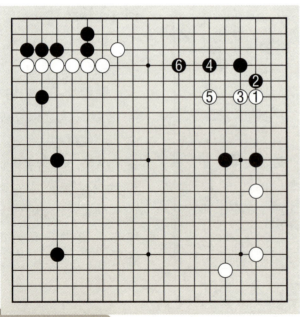

图6　最坏的选择

白1飞挂是最坏的选择。其后黑2尖顶是要领。以下到黑6为止，白棋极有可能陷入两面受攻的困境。

图6　最坏的选择

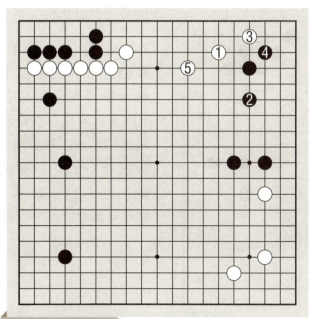

图 7　正确的方向

　　白1低挂重视上边，是正确的方向。黑2如果补，白3以下到白5，白棋稳固上边，而且也为今后的作战打好了基础。

图 7　正确的方向

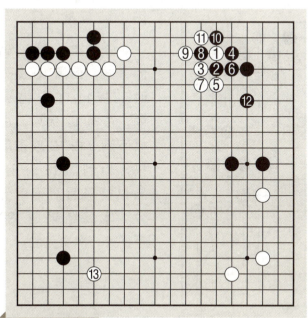

图 8　其他选择

　　白1飞挂时，黑2、4靠挡也是可能的。白7粘时，黑8打吃一子，到黑12取实地是预定的方案。白棋争得先手后，在左下角挂，白棋形势很充分。

图 8　其他选择

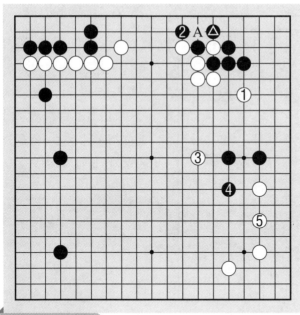

图9 白棋失算

图9 白棋失算

在前图的进程中，黑△提子时，白棋不在 A 位打吃，而是白 1 飞下，则是白棋缺乏气魄的下法。其后黑 2 扳是绝好点，白 3 镇试图挽回损失，黑 4 跳则可解围。

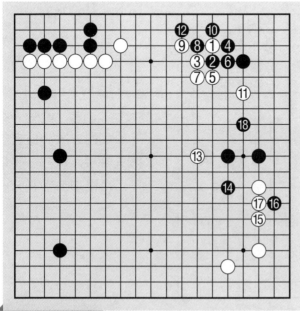

图10 实战进程

图10 实战进程

白 1 挂虽是正确的方向，但黑 10 提子时，白 11 飞是错误的，被黑 12 扳后，白棋不满。白 13 攻击黑棋，但到黑 18 为止，黑棋整形后便不再受攻。本局结果是 199 手结束，黑中盘胜。

实战图 12　自己扩张还是牵制对方

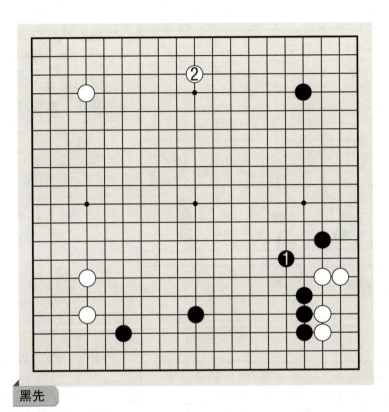

黑先

这是第3届"维萨卡杯"八分之一决赛曹薰铉与李东奎七段（白）的实战对局。黑1飞完成右下角的布置，白2占上边大场。黑棋应首先考虑扩张自己的势力，还是牵制对方的势力？

图1 经过图

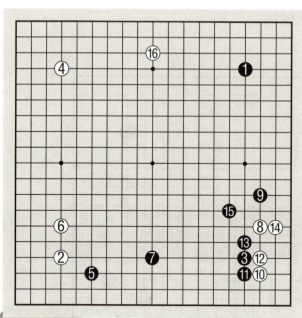

图1 经过图

黑白双方均以二连星布阵。白8以下到黑15，是实战中经常出现的定式。到白16的展开，是实战的进行。

图2 操之过急

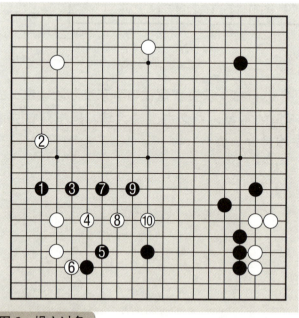

图2 操之过急

黑1在左边打入操之过急。白2夹攻将黑棋赶向中腹，黑3跳，以下到白10为止，白棋自然消黑棋下边的势力，白棋大获成功。

图3 贪小失大

黑1、白2时,黑3是尽快安定自己的手法,但以下到白18为止,黑棋贪小失大。

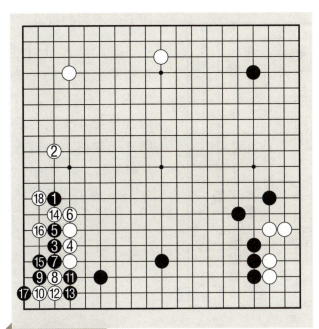

图3 贪小失大

图4 情况逆转

在图3的进程中,黑⊿挡时,白棋在2位冲是重要的次序,如果白棋不冲而在1位打吃黑棋一子,则是大恶手。黑2时,白3只好求活,白棋非常痛苦。黑4占据要点之后,情况发生了逆转。

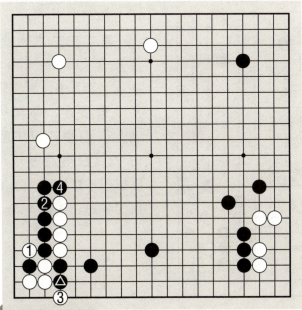

图4 情况逆转

图5 不利的战斗

黑1是阻止上边白棋扩张势力的手法，但白2在左边连片，黑3与白4交换之后，黑5无奈在上边打入，黑棋不满。以下进行到白12，黑棋战斗不利。

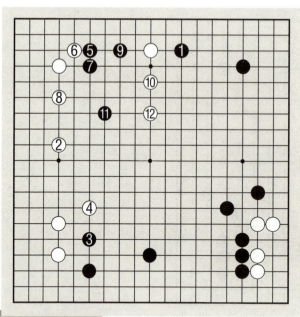

图5 不利的战斗

图6 黑棋不满

黑1在左边分投，情况又如何呢？白2夹攻，到黑5，黑棋轻易获取安定，看似很满足，但白8以下到白12，白棋通过攻击黑棋很自然地削减了黑棋的势力，黑棋不满。

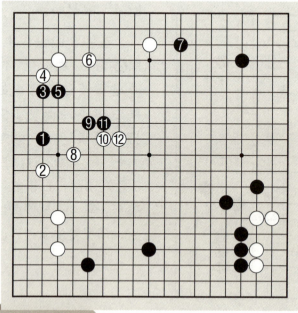

图6 黑棋不满

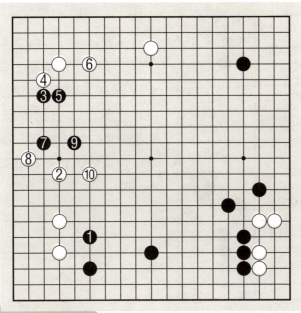

图7 大同小异

图7 大同小异

黑1极力扩张下边势力，白2则不慌不忙地在左边下棋，并诱使黑棋打入。黑3打入之后，白4以下到白10，白棋通过攻击很自然地消黑下边势力。

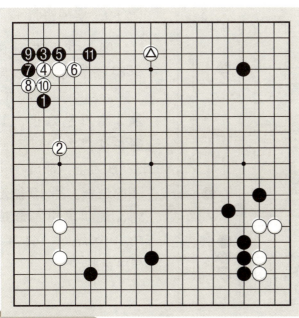

图8 正确的挂

图8 正确的挂

黑1飞挂是既牵制白棋势力，又照顾到下边黑棋的手法。黑1时，白2夹攻是很难想象的一手棋，黑3点三三，以下到黑11是定式，黑轻易夺角，而且白△的位置不理想。

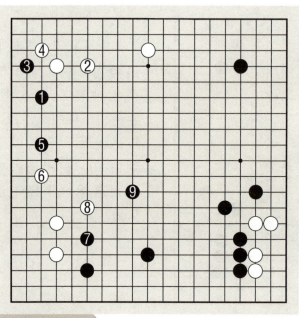

图9 两侧下棋

黑1时，白2补棋，黑3、5在左上安定，白6则是白棋实地上无法失去的要点。黑7跳，白8飞，黑9扩张势力，黑棋布局成功。

图9 两侧下棋

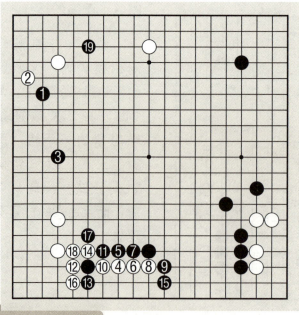

图10 实战进行

图9中的进行白棋明显不满，所以黑1时，白2在二线飞。黑3高拆是好棋，其后白4打入，以下到白18为止，形成了实战的进程。黑19能走到，说明黑棋布局成功。全局共141手，黑中盘胜。

图10 实战进行

实战图 13 布局的头绪

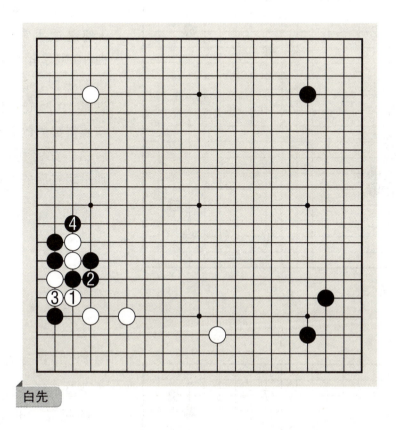

白先

这是第 16 届"国技战"本选赛曹薰铉与文勇植四段（黑）的实战。左下角是定式。现在白棋从哪里来寻找布局的头绪？

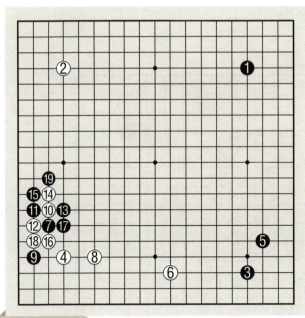

图1 经过图

本局从开盘到黑9都是很平常的次序，白10则是拒绝平常进行的手段，黑11以下到黑19形成白棋实地与黑棋势力的转换。以后白棋如何利用引征，则是定式后的关键。

图1 经过图

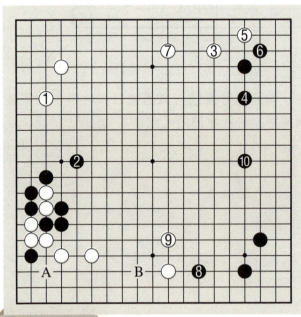

图2 白棋失算

白1是牵制黑棋势力的手法，但黑2已解消了白棋引征的利用价值，结果白1失算。其后白3挂，以下到黑10为止，下边由于留有A位和B位的余味，白棋很难成大空。

图2 白棋失算

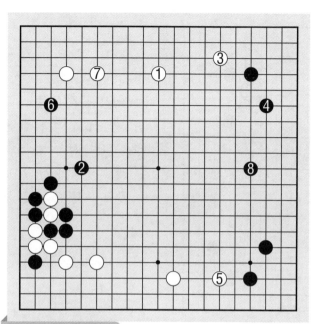

图3 轻率的决定

图3 轻率的决定

白1利用引征,但实际是非常不明智的一手棋,黑2飞解消引征的利用是好棋。白3以下到黑8,左边黑棋形成很厚的棋形。

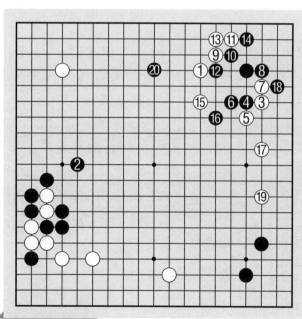

图4 白棋不满

图4 白棋不满

白1对引征的利用要比图3更积极一些,但被黑2解消后,白棋缺少后续手段。白3双飞燕,以下到黑20为止,结果白棋不满。其中白19补是绝对的一手。

图5 白棋的企图

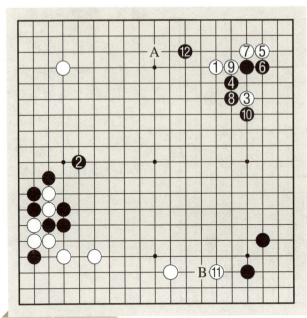

图5 白棋的企图

白1高挂是对引征的利用，黑2飞补，白3是很用心的一手期。但黑4以下到黑12，白棋对结果仍然不满。白11如在A位展开，黑B拆则是好点。

图6 黑棋蛮干

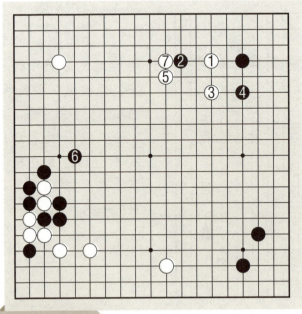

图6 黑棋蛮干

白1时，黑棋为有效防备对方引征，黑2夹攻，实际上是无理的。白3跳，黑4时，白5肩冲，黑6只好解消白棋的引征，其后白7挡，压制黑棋一子，白棋满足。

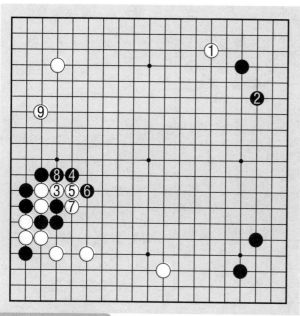

图7 正确的引征

图7 正确的引征

本图中白1低挂是正确的引征方法，黑2补棋，白3救活白棋二子，白棋非常满足。黑4以下到黑8，黑棋虽最大限度地减少损失，但到白9为止，黑棋仍然受损。

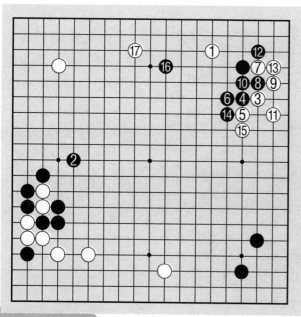

图8 白棋活跃

图8 白棋活跃

白1时，黑2解消白棋的引征，白3双飞燕是好棋。黑4靠时，白5争得先手后，白7靠是正确的定式选择。黑16之后，白17再逼住，白棋得到了实惠。

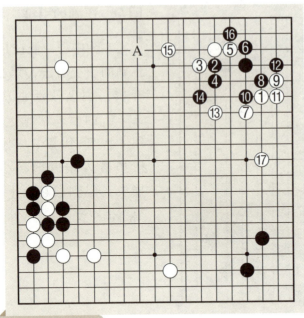

图9 因地制宜

图9 因地制宜

白1时，黑2如换个方向靠，白3、5争得先手后，白7尖则是好棋。以下到黑16为止，虽然形成与图4类似的棋形，但差别是白棋没有必要在上边补一手棋，与图4不同的是黑A夹攻价值不大。到白17为止，白棋满足。

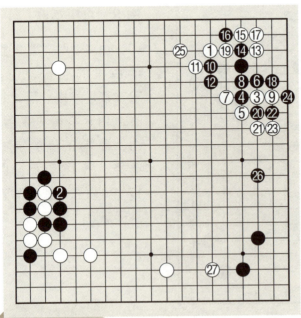

图10 实战进行

图10 实战进行

白1利用引征时，黑2提子是实战走法。白3双飞燕后，黑4以下到白25，白棋满足，而且黑棋大龙尚未活净。全局146手结束，白棋中盘胜。

实战图 14 对方问应手时

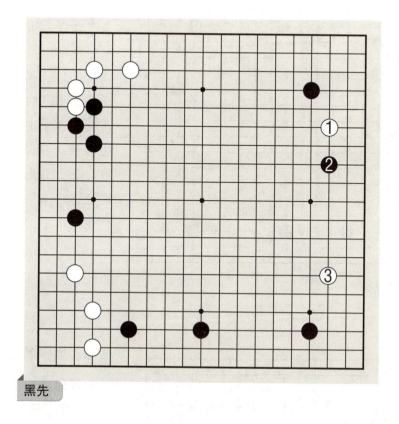

黑先

　　这是第 10 届"伯卡斯杯"半决赛曹薰铉与李昌镐（白）的实战对局。白 1 飞挂，黑 2 时，白 3 在右上脱先。白 3 包含有试探的意味，黑棋如何下才不会上对方的当？

图1 经过图

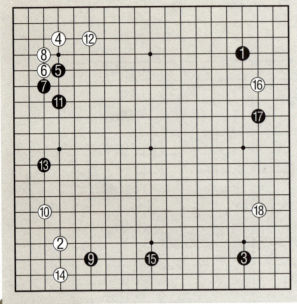

图1 经过图

白8时，黑棋不急于决定左上，而是黑9在左下飞挂，白10飞补，以下到黑13为止，黑棋完成定式的布置。其后白16在右边飞挂，黑17立即夹攻，白18脱先是实战的进行。

图2 黑棋的意图

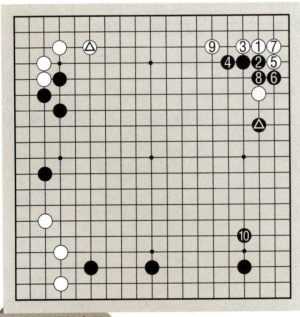

图2 黑棋的意图

黑△夹攻的意图是诱使白棋点三三，以下至白9是定式。黑棋争得先手后，黑10缔角，黑棋非常满足。白棋上边的价值由于白△处于低位而大幅下降。

图3 白棋征子不利

黑1尖是重视实地的下法，这时如果白2很平常地拆二，黑3靠压是正确的。其后白棋如果在5位求活则是白棋的屈服，因此白4挖，黑5以下到黑9，白棋由于征子不利而受损。结论是白2不好。

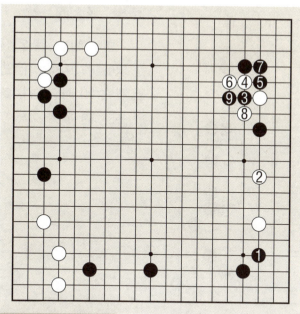

图3 白棋征子不利

图4 严厉的手筋

黑1尖，白2跳，黑3跳时，白4封是正确的。黑5、7试图抵抗，白8挡，黑9扳时，白10断是手筋，以下到白16为止，黑棋绝望。

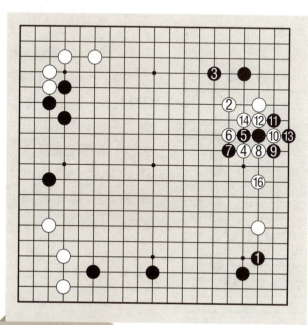

图4 严厉的手筋　⑮=⑩

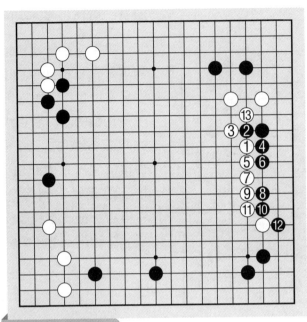

图 5　强大的外势

白1封，黑2、4是求活的要领，但进行到白13时，白棋筑成强大的外势，黑棋不满。

图 5　强大的外势

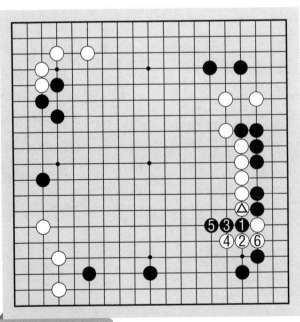

图 6　无理的战斗

白△时，黑棋发觉在二线上扳渡对自己不利，于是黑1断诱使对方进行战斗。但白2、4、6是分断上下黑棋的要领，黑棋战斗不利。结论是图4中的黑1尖不好。

图 6　无理的战斗

图7 两侧下棋

黑1肩冲情况又如何呢？这时白2飞取实地是正确的，如果黑3夹攻，白4以下到黑15，白棋先手定形，然后白16点右上角。以下进行到白24时，白棋形成两侧下棋的局面。

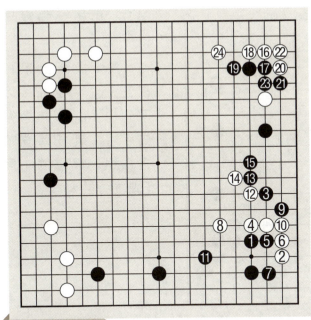

图7 两侧下棋

图8 后门敞开

黑1夹攻是正确的选择。白2靠试图化解，黑3以下到黑7定形是疑问手。白8在右上角点三三，到白16为止，结果与图7大同小异。黑棋右边由于在A位的后门敞开，其价值不大。

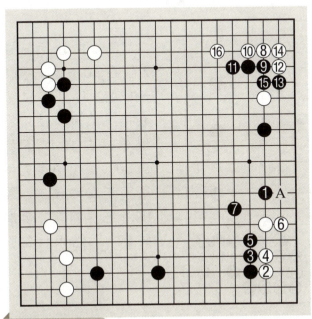

图8 后门敞开

图9 黑棋率先发动攻击

黑1扳断上下白棋正确。白2断，以下到白14，黑棋争得先手后，黑15率先攻击白棋，黑棋的布局已掌握了主动权。

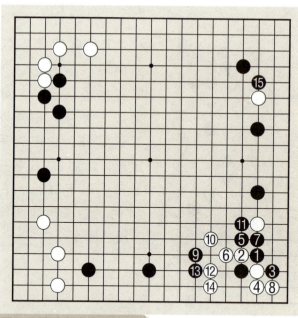

图9 黑棋率先发动攻击

图10 实战进行

黑1夹攻后，白2到白10，是与图9一样的次序。黑11尖直接策动是实战中出现的，白12以下到白30，黑棋争得先手后率先发动攻击，黑棋对进程满意。全局共271手结束，白胜半目。

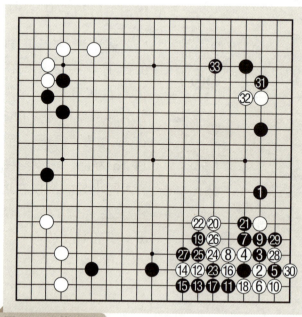

图10 实战进行

实战图 15　应付飞封

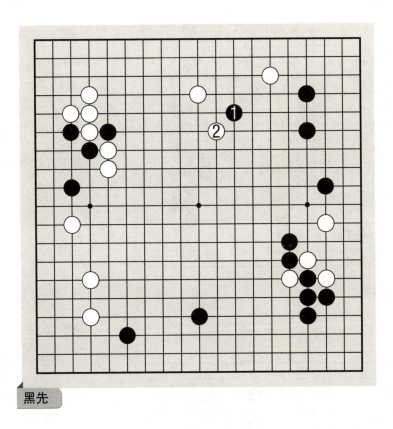

黑先

　　这是第11届"大王战"挑战赛曹薰铉与李昌镐（白）的对局。黑1时，白2飞向中腹扩张势力，黑棋如何应付？

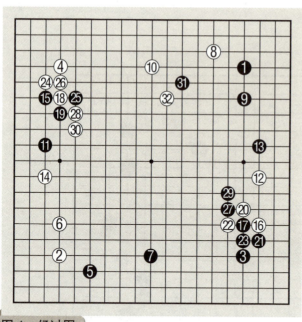

图1 经过图

从开盘到黑31都是套路棋。从白32开始抛弃套路，而形成实战的场面。

图1 经过图

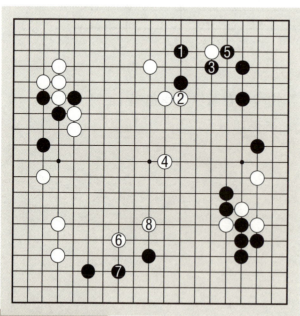

图2 宏大的白势

黑1是黑棋过于拘泥于棋形的手法，白2争得先手后，白4扩张中腹是正确的。黑5虎消除黑棋角上的余味，白6、8实施连贯的作战意图，白棋大获成功。

图2 宏大的白势

图3 实地很大

白⊕时,黑棋不控制角,而是黑1跳寻求变化。其后白2立即点入三三是好棋,白⊕由于能够恰当地限制黑棋的势力,而且也是扩张白棋势力的要点,结果白棋布局成功。

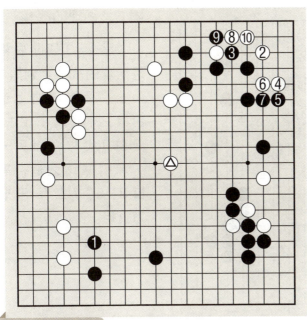

图3 实地很大

图4 大同小异

黑1单纯地向中腹跳,但白2争得先手后,白4抢先占据中腹,而且右上方白棋一子仍然有希望求活,结果与图3大同小异。

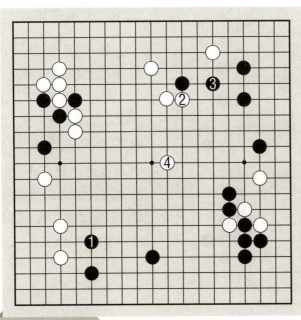

图4 大同小异

图5 无理的战斗

黑1、3切断白棋是无理的战斗。到黑7为止，黑棋虽对上边白棋三子实施了攻击，但白8尖与白棋另一子取得联络之后，黑棋3、5、7三子已成为负担。

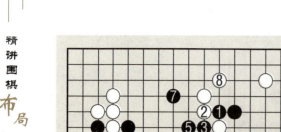

图5 无理的战斗

图6 黑棋形难看

黑1在上边打入是非常无理的举动。白2尖是恰当的对策，黑3以下到黑7整形，但被白8攻击之后，黑棋形难看。以后不仅求活比较困难，而且即使能侥幸做活，也有生不如死的感觉。

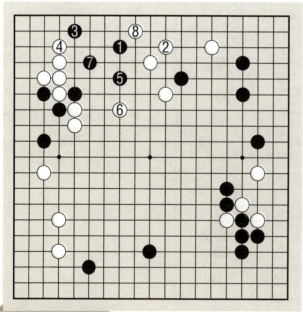

图6 黑棋形难看

图7 余味

黑1占据天元，但仍不很满意。白2以下到白6，白棋不仅消黑势，而且还有A位靠的余味。

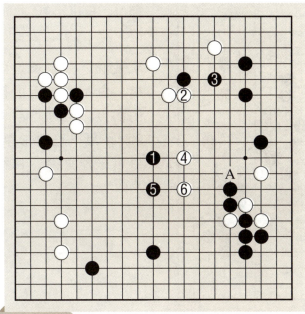

图7 余味

图8 大势的把握

黑1是利用白棋的弱点扩张势力的要点，等白2长后，黑3、5取势。这样黑棋一举确立了优势地位。

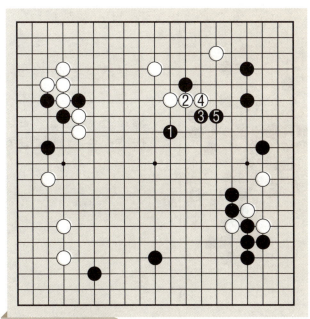

图8 大势的把握

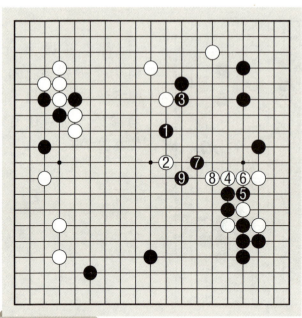

图9 白棋不好

图9 白棋不好

黑1时，白2寻求变化，黑3长是好棋。白4靠利用黑棋的弱点，但进行到黑9时，黑棋已非常厚，白棋未能如愿，白棋呈败势。

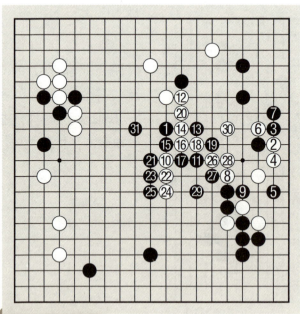

图10 实战进行

图10 实战进行

黑1时，白2立即托是实战进行。但以下到黑25时，白棋中腹三子被吃住，白棋大损。全局结果共93手结束，黑中盘胜。

实战图 16　局面均势的焦点 ▶▶

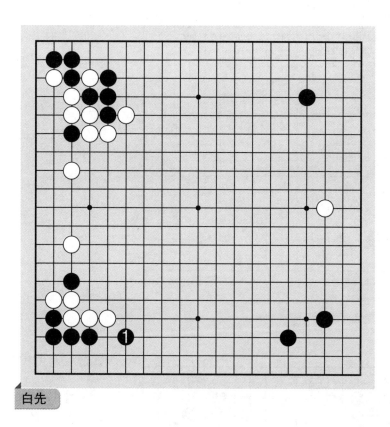

白先

这是第 11 届"大王战"挑战赛曹薰铉与徐奉洙九段（黑）的实战对局。黑 1 跳占据实地之后，黑白双方已明显形成实地对外势的局面。白棋如何才能维持局势的平衡？

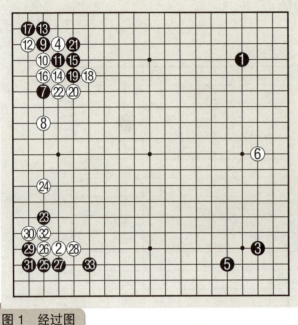

图1 经过图

黑7很温和地大飞挂，但白8夹攻则是拒绝这种温和行棋。黑23飞挂，白24是坚持一贯作战的手法。黑25点三三，以下到黑33为止，形成了实战的经过图。

图1 经过图

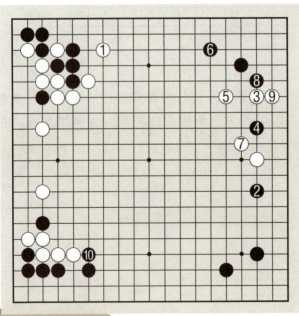

图2 无为的封锁

白1虽能封锁黑棋向边上的发展，但时机不成熟。黑2拦，以下到白9，黑棋先手处理后，黑10挺头是要点。由于白1是闲棋，白棋在序盘就在大势上处于落后地位。

图2 无为的封锁

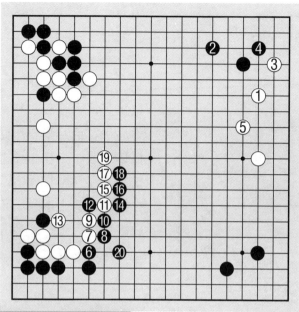

图3 白棋脱离主战场

图3 白棋脱离主战场

白1、3、5是安定右边白棋一子的重要手法,却脱离了主战场。黑6是大势要点,白7以下到黑20是双方必然的次序,下边黑势过于庞大,白棋不满。

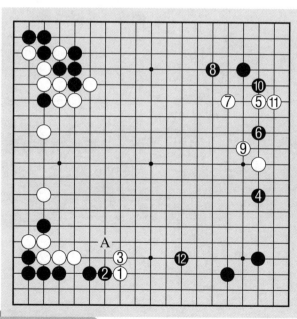

图4 白棋弱形

图4 白棋弱形

白1是攻击对方弱点的要点,同时也是消黑势的位置。白1之后,黑2顶,黑棋争得先手后在右边行棋是正确的。经过白5到白11的次序,然后黑12展开,黑棋形势好。以后白棋必须补A位的弱点,白棋呈弱形。

图5 白棋过于偏重一边

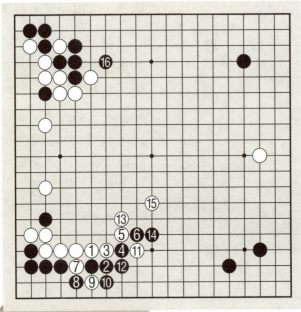

图5 白棋过于偏重一边

白1、3以下到白15，白棋的手段明显是扩张势力，但白棋落为后手，而且黑棋下边得以走厚，白棋很不痛快。加之黑16跳出，白棋在大势上落后，而白棋势力又过于偏重左边，难以形成大空。

图6 黑棋缓着

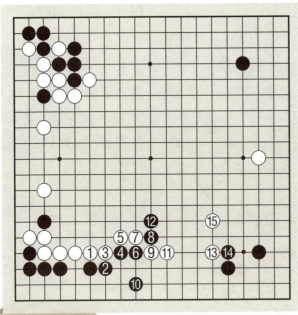

图6 黑棋缓着

白1以下进行到白5时，黑棋不在7位连扳，而是黑6退，是黑棋缺乏气势的缓着。其后即使黑8扳，到白15为止，黑棋仍然不利。

图7 白棋浮棋

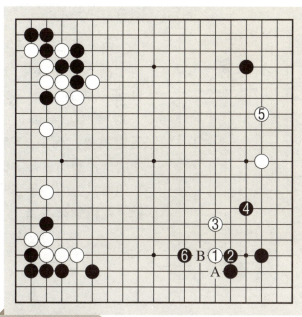

图7 白棋浮棋

白1肩冲是希望黑A长，然后白B长，这是因为白B长后，对白棋左边势力的形成有所帮助。不料白1之后，黑2将白棋向中腹赶，白3跳，以下到黑6为止，白棋变成浮棋，全局局势黑好。

图8 本手

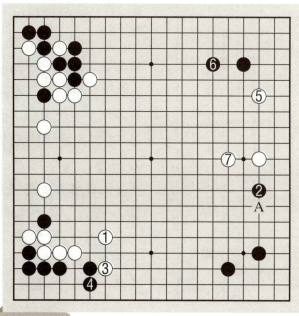

图8 本手

白1飞是好棋，也是本手。黑2拆后，白3得以利用，白棋心情上不坏。以下到白7为止，白棋先手消下边黑棋外势，并在右边腾挪，白棋形势很充分。如果黑2下在白3位置，则白A拆，白棋满足。

图9 冷静的拆

白1拆二，间接地牵制下边黑棋势力，也可以考虑。黑2以下到黑16，黑棋扩张下边黑势，而白17肩冲则是预想的进行。但左边白棋势力也受到限制，白棋略微不满。

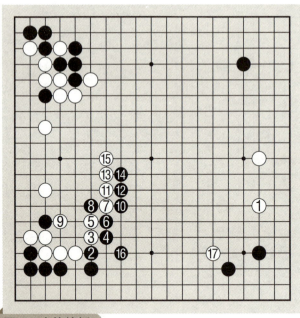

图9 冷静的拆

图10 实战进行

白1拆二时，黑2靠是实战的进行。与图9相比，白棋的意图是有效地扩张势力。下到黑14时，黑棋完成势力布置，黑棋如愿以偿。但白棋可以右边拆二为后盾，在下边打入，白棋形势仍很充分。全局结果222手结束，黑胜15目半。

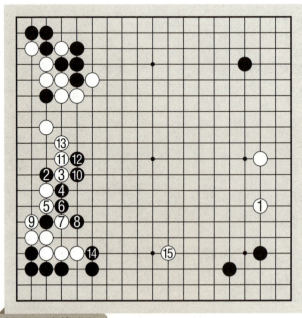

图10 实战进行

实战图 17　积极的对策

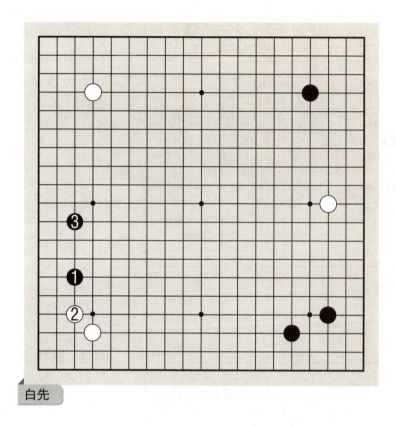

白先

这是第 11 届"大王战"挑战赛曹薰铉与金秀壮八段（黑）的实战对局。黑 1 不紧不慢地大飞挂，白 2 尖时，黑 3 拆。此时，白棋应以积极的方法对抗，争取掌握局面的主动权。

图1 经过图

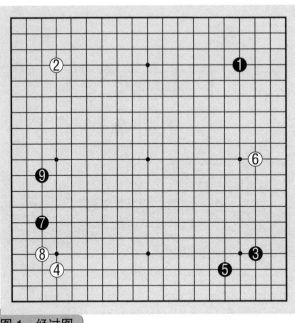

图1 经过图

从黑1到白6都是很平常的进程,黑7飞挂时,白8尖是以实地为主的战法,黑9拆二,形成实战的经过。

图2 黑棋舒展

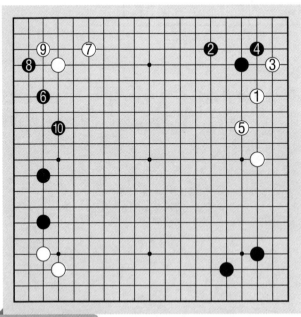

图2 黑棋舒展

白1飞挂是重视右边的手法,但黑6以下到黑10,黑棋轻易在左边定形,白棋失算。左上角白棋形状与右上角黑棋形状对等,而左边黑棋形状要比右边白棋形状好,右下角黑棋形状也比左下角白棋形状好。

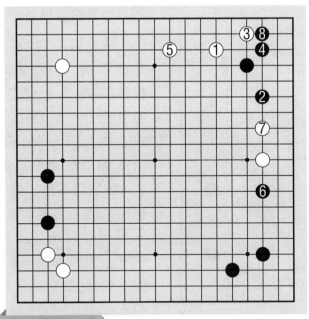

图3 白棋不好

图3 白棋不好

白1飞挂虽是重视上边的手法,但是落后手,白棋不满。黑6夹攻,白7形状难看,黑8守角,黑棋布局很坚固。

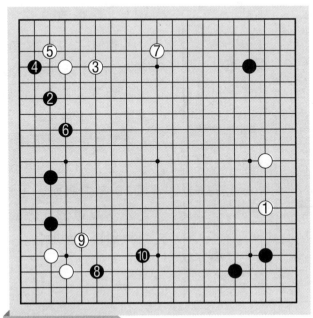

图4 艰难的出头

图4 艰难的出头

白1拆二,其意图是限制黑棋以角地为基础拆扩张外势。但黑2以下到黑6,黑棋轻易完成左边的布置,因此白1有脱离主战场的感觉。黑8时,白9很困难地出头,白棋不满。

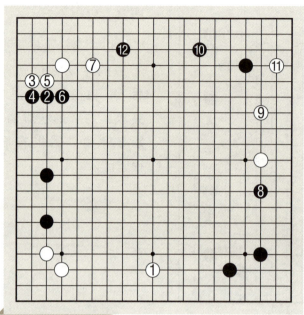

图5　预想的进行

图5　预想的进行

白1拆是重视下边的手法，但由于黑棋右下角是无忧角，并且已在一定程度上对白棋形成限制，因此下边价值降低。黑2飞挂是绝好点，白3如在二线上飞取实地，下到黑6为止，黑棋已充分完成左边布置。以下到黑12都是预想的进行。

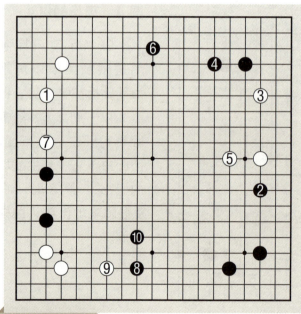

图6　黑棋顺畅

图6　黑棋顺畅

白1自己补角，行棋不够紧凑。黑2拦，以下到黑6，首先在上边行棋很重要。白7试图攻击左边黑棋二子，但黑8在下边拆，黑10向中腹跳，下边与左边黑棋形成呼应。结果黑棋局势顺畅。

图7 积极的手法

白1最大限度地压缩左边黑棋二子是好棋。如果黑2拦逼右边白棋，白3拆二。黑4时，白5占下边大场是要领。由于黑△是弱形，因此黑棋不敢轻易在左边或下边打入。

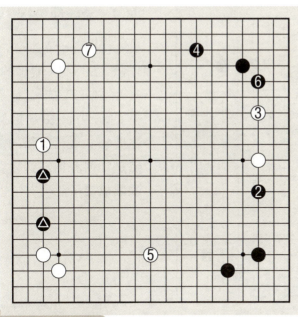
图7 积极的手法

图8 主动作战

白△逼时，黑1取下边，白2在上边飞挂。黑3时，白4在右边拆二是要领。黑5、7对白棋的攻击是可以预想到的，但由于左边黑棋二子是弱形，白棋充分可以与黑棋作战。以下到白10为止，白棋局势主动。

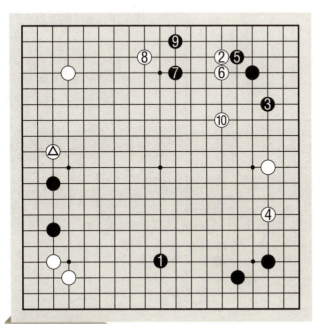
图8 主动作战

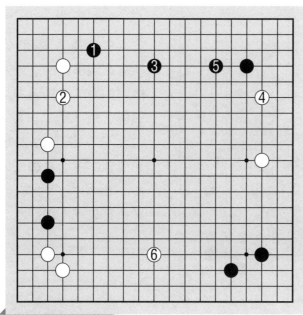

图9 流畅地进行

黑1、3取上边的作战也是可以预想的。其后白4飞挂牵制黑棋的势力，白6拆也是要领。现在局势的焦点是如何利用左边较弱的黑棋二子。

图9 流畅地进行

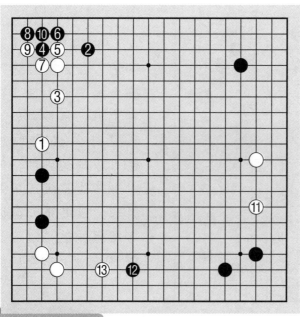

图10 实战进行

白1逼攻时，黑2、4取实地。其后白11占取大场，以下到白13为止，是实战的进行。全局共154手结束，白中盘胜。

图10 实战进行

实战图 18　以快步调对付厚势

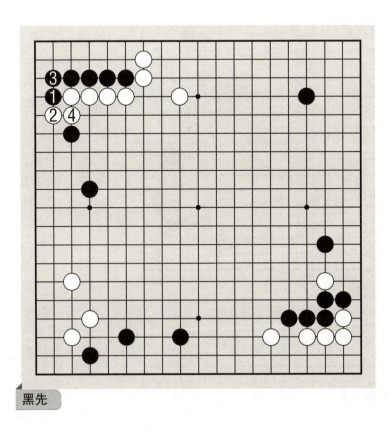

黑先

　　这是第 36 届"国手战"挑战赛曹薰铉与李昌镐（白）的实战对局。黑 1、3 扳接争得先手。现在黑棋与白棋的厚势对抗，需尽快地控制局面。首先考虑的应是如何牵制左上方白棋的外势。

图1 经过图

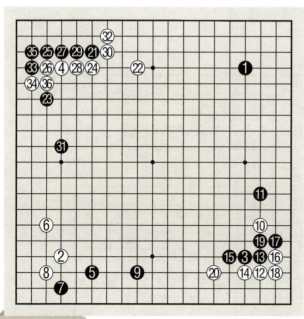

图1 经过图

黑和白均以二连星开局，是重视速度的布局下法。白10飞挂时，黑11夹攻，其意图是争得先手后开拓上边。白22夹攻，使黑棋未能如愿。黑23双飞燕，以下到白36为止，是实战的经过。

图2 绝好的夹攻

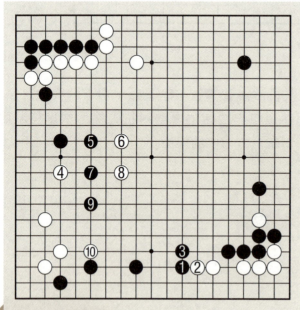

图2 绝好的夹攻

黑1不但瞄着白棋的弱点，而且还有扩张下边的意图。但白2顶，迫使黑3长，白4再在上边夹攻，黑棋不好。其后黑5、7、9向中腹逃跑，白10再压攻黑棋，黑棋形混乱。

图3 白棋步调快

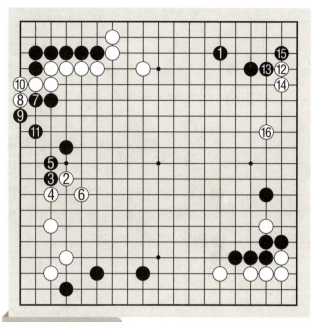

图3 白棋步调快

黑1飞是牵制白棋势力的手法，但被白2大飞后，黑棋不好。黑3托，白4、6很厚地整形是好棋。以下到黑11补棋，白12在右边打入，白棋满足。

图4 黑棋困难

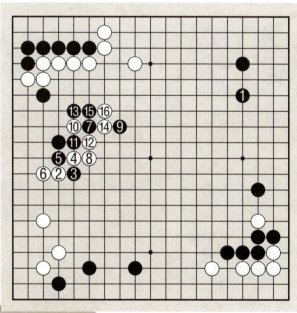

图4 黑棋困难

黑1虽是试图扩张右边的手法，但被白2大飞后，结果与图3大同小异。如果黑3上靠整形，白4扳断是强硬的手段，其后到白16为止，黑棋困难。

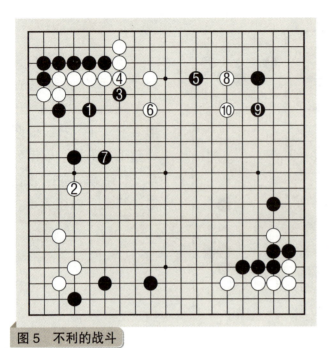

图5 不利的战斗

图5 不利的战斗

黑1跳，在牵制白棋外势时，自己整形。但被白2大飞后，黑棋同样不可避免成弱形。黑5虽然最大限度地进行反抗，但进行到白10为止，黑棋遭到白棋的反击，黑棋战斗不利。

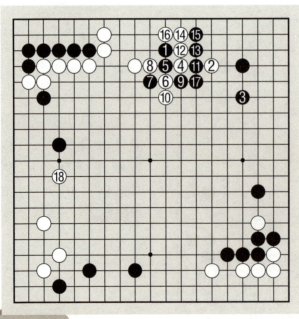

图6 过分

图6 过分

黑1的目的是最大限度地牵制白棋外势，但被白2打入之后，黑棋不可避免地处于劣势。进行到黑17，黑棋虽然得到了厚势，但白18占据要点之后，白棋已经掌握了大局。

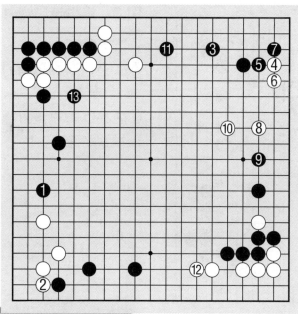

图7 有效的处理方法

图7 有效的处理方法

黑1拆，先手处理左边是正确的方向。白2补角，黑3飞牵制白棋势力。白4以下都是预想的进行，到白10，右边白棋成活。黑11拆二，黑棋非常充分。如果白12并，黑13在上边跳，攻击左上方白棋。

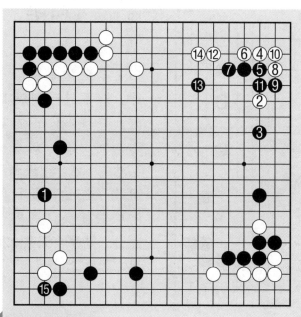

图8 先发制人

图8 先发制人

黑1时，如果白2挂，黑3当即夹攻，诱导白棋占三三角。以下到黑13，黑棋先手处理后，黑15占据根地的要点，黑棋非常满足。

图9 黑棋布局好调

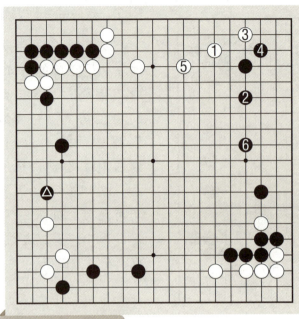

图9 黑棋布局好调

黑▲后，白1飞挂取上边，到白5，白棋确已巩固上边，但黑6在右边防守是好棋，黑棋布局好调。

图10 实战进行

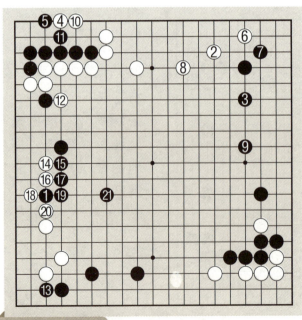

图10 实战进行

黑1占取左边时，白2取上边是实战进行。以下进行到黑13时，白14在左边打入，到白20，是重视实地的下法。黑棋确实巩固了左边，而且已向中腹挺头，黑棋很充分。结果全局共220手，黑胜3目半。

实战图 19　棋子的配置

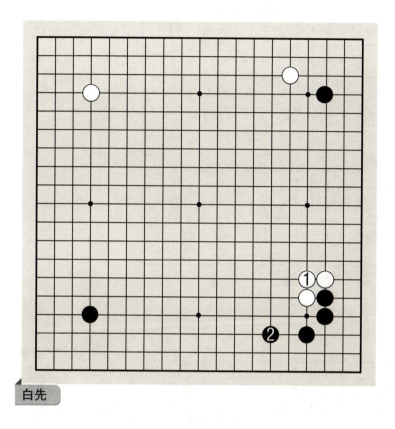

白先

这是第 36 届"国手战"挑战赛曹薰铉与李昌镐（黑）的实战对局。白 1 粘，黑 2 跳，白棋的下一手应在右边的某个位置上，而且要考虑到右上角棋子的配置，以寻求最有效的方法。

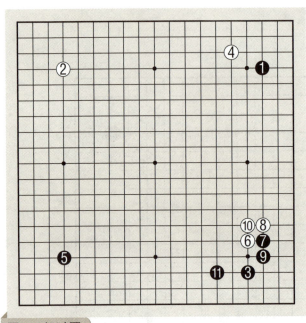

图1 经过图

图1 经过图

面对黑1、3、5的布局，白棋积极应对。白6挂，黑7托，以下到黑11，是实战的经过。以后白棋如何处理右下方三子是问题的关键。

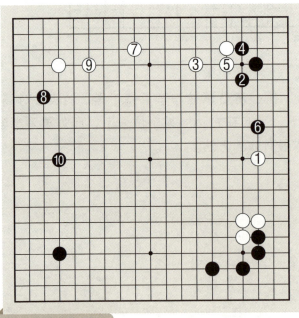

图2 平常的进行

图2 平常的进行

白1拆边是最平常的进行。但黑2以下到黑6，黑棋轻易定形，白棋索然无味。以下到黑10为止，黑棋布局舒展。

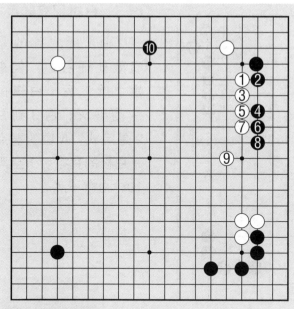

图3 白棋失算

图3 白棋失算

白1飞压是重视势力的手法，但以下到白9，白棋不可避免地成为后手，白棋不满。黑10分投是绝好点，结果白棋失算。

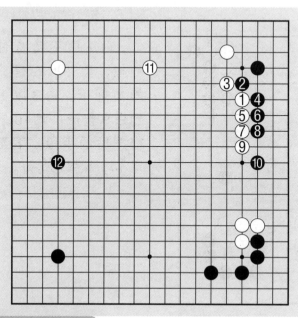

图4 大同小异

图4 大同小异

白1的意图是诱导对方开展有利于自己的战斗。但以下到黑10为止，黑棋取实地是正确的作战方针。白11占据上边后，白棋过于偏重一侧。黑12在左边展开，黑棋局势不错。

图5 白棋留有弱点

白1拆，目的是有效处理右边，但被黑2拆二后，白棋的意图破灭。白3到白9是定式，A位的弱点是白棋的负担。下至黑10，白棋不满。

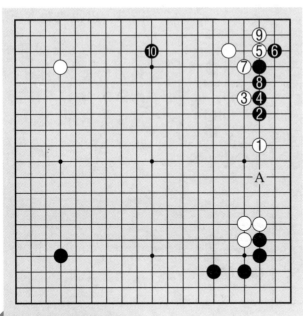

图5 白棋留有弱点

图6 绝好的夹攻

白1是不负责任的棋，黑2拆二是冷静的好手。白3以下到白9整形，黑10是很严厉的手段，下至黑14，黑棋形势好。

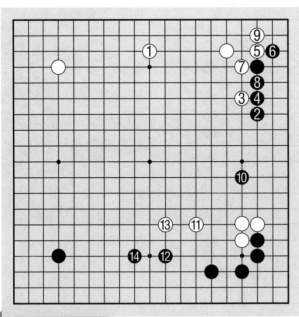

图6 绝好的夹攻

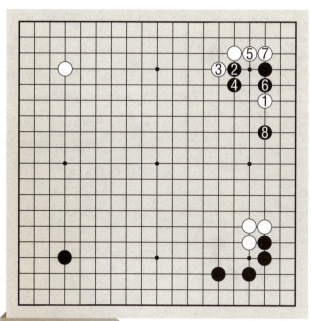

图7 猛烈的夹攻

图7 猛烈的夹攻

白棋通过夹攻角上黑棋一子处理右边，是正确的方针。但白1的夹攻却是过急的行为，黑2、4、6整形后，黑8反击的手段可以成立，因而白棋不满。

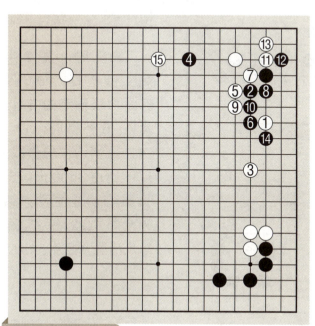

图8 正确的夹攻

图8 正确的夹攻

白1二间夹，间隔恰如其分。如果黑2尖，白3飞则是准备好的连贯手法。黑4反击，白5靠，以下到白13，白棋的处理很重要。黑14后，白15夹攻，白棋大获成功。

图9 有效的补

白1时，黑2靠试图向中腹出头，白3、5争得先手后，白7跳是好棋，到白11为止，白棋有效地处理了右边。

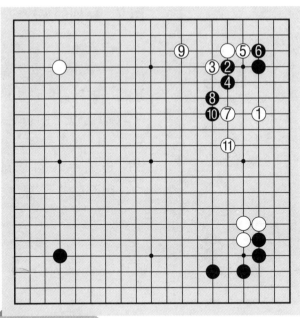

图9 有效的补

图10 实战进行

白1时，黑2尖是实战进程，白3展开是白棋预定的方针。黑4、6补棋时，白7飞挂是步调快的作战。以下到白35为止，白棋局势明显主动。结果全局共227手结束，黑反而胜3目半。

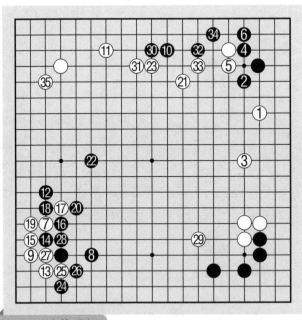

图10 实战进行

实战图 20 应对的策略

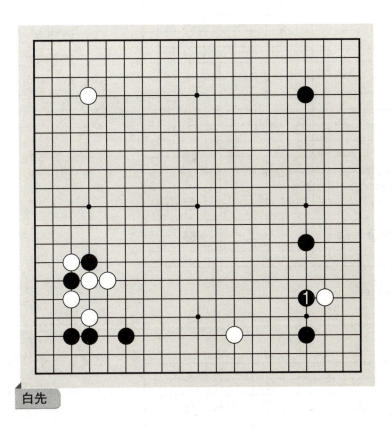

白先

这是第 2 届"维萨卡杯"挑战赛曹薰铉与李昌镐（黑）的实战。现在是黑 1 靠，其后白棋应如何应对？

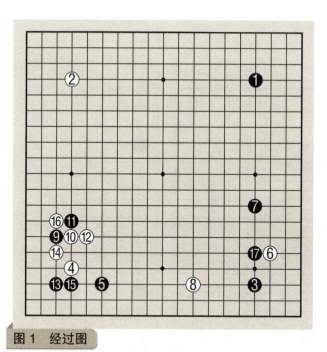

图1 经过图

黑7夹攻时,白8打入希望黑棋在17位补,然后攻击左下角的黑5。黑棋却断然置右下角不顾,而在9位双飞燕,下至黑17是实战的经过。

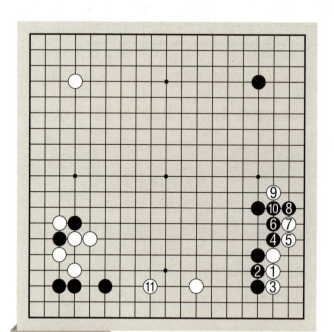

图2 生不如死

白1直接在右下角行动,结果不好。黑2挡,以下到黑10,白棋虽然先手在角上做活,但被黑棋获取了很厚的外势,结果白棋生不如死。

图3 角上的余味

右下角白棋的棋形由于有黑1到黑7造劫的余味，即使黑棋不直接施行这种手段，但由于黑棋有A位的先手，也将更为有利。

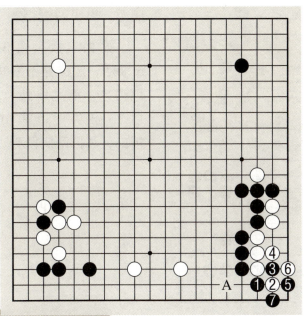

图3 角上的余味

图4 绝好的夹攻

白1挖接的意图，是利用征子对自己有利的条件，将棋活得大点，到白9为止，后手做活，形势似很充分。但其后黑棋以势力为后盾，在10位夹攻，局势对黑棋绝对有利。

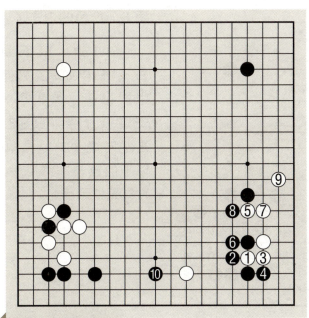

图4 绝好的夹攻

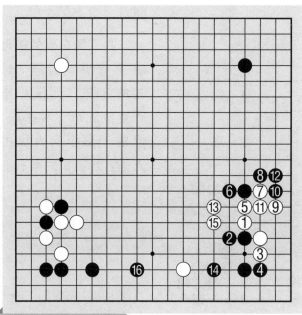

图5 黑棋两侧得利

如白1扳，白3、5求活。黑棋并不一味地蛮攻，而是取外势。白15出头时，黑16拆二，黑棋两侧得利。

图5 黑棋两侧得利

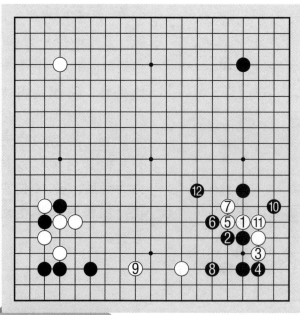

图6 严厉的攻击

白1扳，以下到白7，白棋如果努力向中腹出头，黑8寻求安定很冷静。白9补是绝对必要的，黑10以下的攻击非常严厉，白棋无法承受。

图6 严厉的攻击

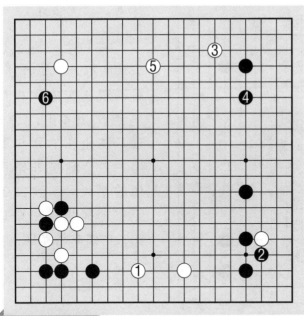

图7 白棋平淡

图7 白棋平淡

白棋发现在角上直接出动对自己不好，因而在下边拆是必然的选择。但白1拆二缺少谋略，黑2控制角，以下到黑6，白棋行棋平淡。

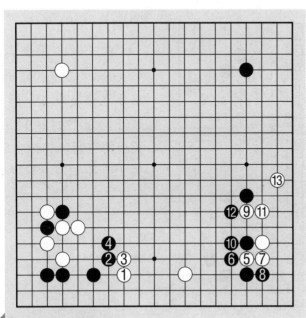

图8 弱点的利用

图8 弱点的利用

白1拆三，最大限度地利用黑棋弱点。黑2尖补是黑棋必然的选择。白3长时，黑4长，以下到白13，白棋成功处理了两块棋。

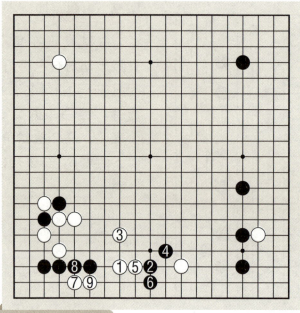

图9 无理的打入

图9 无理的打入

白1时，黑2是无理的打入。其后白3跳，攻击左右黑棋的弱点。黑4尖，白5顶，防止左右黑棋联络。白7刺是非常严厉的手段，下到白9，无根的黑棋被白棋攻击，白棋非常满足。

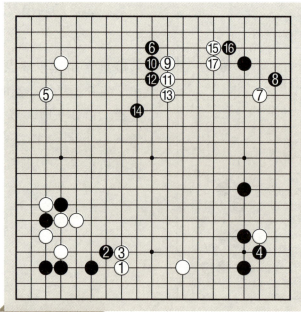

图10 实战进行

图10 实战进行

白1时，黑2尖，然后黑4虎控制角。白5飞补是好点，黑6展开，以下到白17是实战的进行。结果全局共250手结束，黑胜6目半。

实战图 21　温和地控制局势

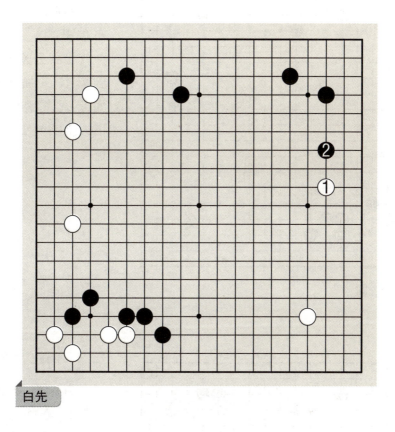

白先

这是第 28 届"霸王战"挑战赛曹薰铉与尹成铉三段（黑）的实战对局。白 1 展开占据大场，黑 2 拆针锋相对。其后白棋应判断是温和地控制局势，还是采用激烈的方式。

图 1　经过图

黑白双方以对角型布局开盘，在开盘不久就已战云笼罩。此后到黑19，白棋以很快的步调占据大场，黑棋以坚实的实地与白棋抗衡。

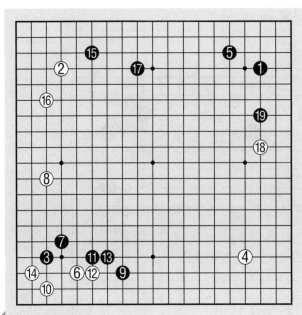

图 1　经过图

图 2　两面受攻

白1肩冲是消上边黑棋势力的重要手法，但黑2以下到黑12，白棋不可避免两面受攻的结局。

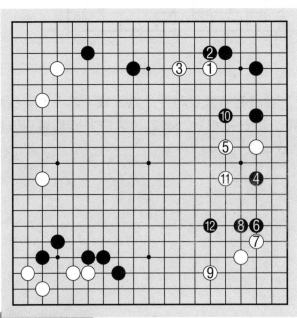

图 2　两面受攻

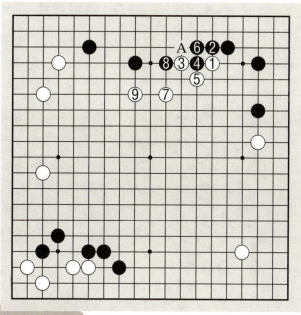

图3 随手棋

图3 随手棋

白3跳时，黑棋并不攻击右边的白棋一子，而是黑4、6挖接，这是黑棋随手下出的缓着。白7、9轻易具备活形后，黑棋非常不好。以后白棋还有在A位冲下的手段。

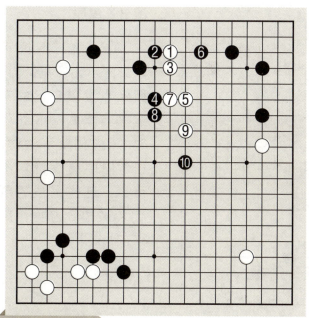

图4 无理打入

图4 无理打入

白1打入是自取灭亡的无理之举。黑2以下到黑10，白棋受到黑棋的猛烈攻击，很难挽回局势。而且左下角黑棋的外势也随之发挥出作用。

图5 白棋重复

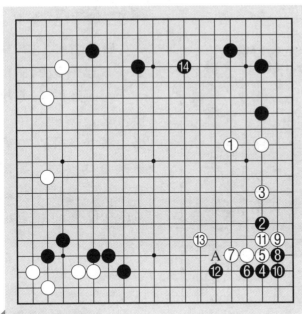

图5 白棋重复

白1跳虽是重视右边的手法，但黑2飞挂时，白3夹攻是不可避免的，以下到白13，白棋免不了重复。白13因黑A很大，故是绝对的一手，其后黑棋在上边补棋，黑棋满足。

图6 黑厚

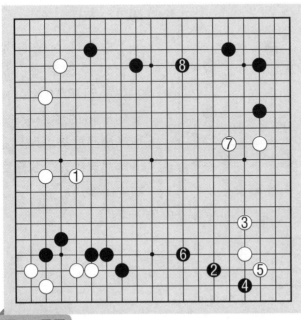

图6 黑厚

白1跳，不仅可以牵制下边黑棋势力，而且也发展自己的左边，但黑2以下到黑6，黑棋构筑下边时，白7向中腹跳绝对不可少，这样上边的要点又被黑8占据，黑棋布局很厚。

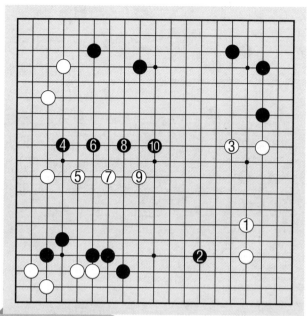

图7 严厉的打入

图7 严厉的打入

如白1跳守角，黑2占下边是好棋。黑棋安定下边之后，白3只好补右边。其后黑4的打入很严厉，以下进行到黑10时，下边黑棋外势已在一定程度上发挥了攻击作用。

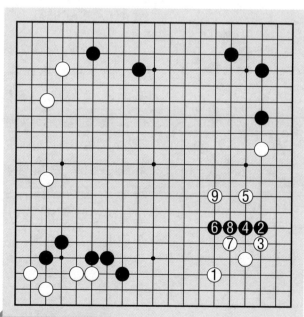

图8 恰当的牵制

图8 恰当的牵制

白1飞是恰当的一手棋。白1不仅可以牵制黑棋势力，而且也与右边白棋一子间接形成呼应。其后黑2飞挂，白3以下是攻击黑棋的次序，白棋局势好。

图9 黑损

白1时,黑2如果打入,白3很平常地跳就是好棋,其后黑4以下到白9,双方都向中腹跳出,但是白棋的跳却可对上边黑势形成牵制,而黑棋的跳则毫无价值。

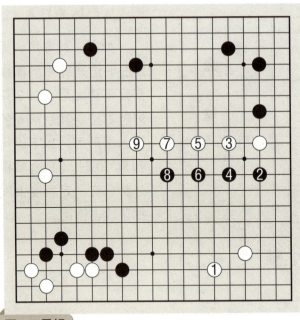

图9 黑损

图10 实战进行

白1时,黑2打入,白3跳,黑4托。但在布局阶段,黑棋在二线上落子,黑棋不满。白5打入,以下到白15,白棋轻易破坏了上边黑阵,白棋局势绝对有利。结果全局共90手结束,白中盘胜。

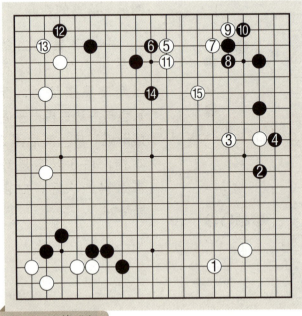

图10 实战进行

实战图 22　决定挡的方向

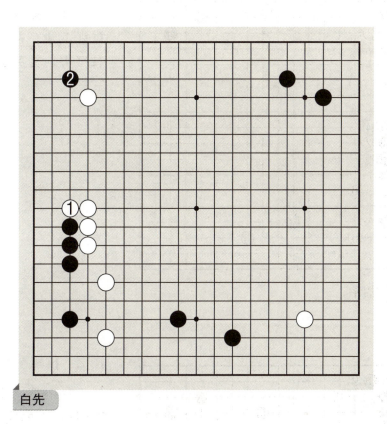

白先

　　这是第 32 届"最高位战"挑战赛曹薰铉与徐能旭九段（黑）的实战对局。现在白 1 挡封锁黑棋，黑 2 立即点三三。其后白棋应从什么方向挡，并将成为什么样的局势，让我们来展望一下。

图 1 经过图

黑 7 夹攻，黑 15 重视下边，白 16 挡具有气势，其后黑 17 点三三。

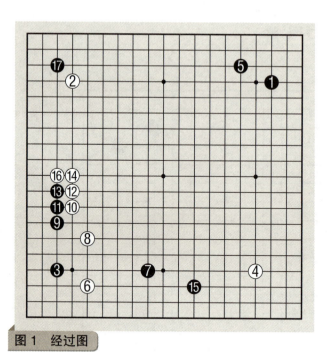

图 1 经过图

图 2 白棋重复

白 1 挡，黑 2 以下到白 11 的定式选择是方向错误。白棋不仅是后手，而且棋形重复。黑 12 展开牵制白棋势力，黑棋布局成功。

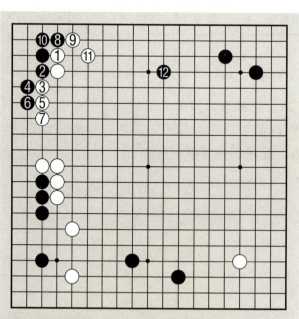

图 2 白棋重复

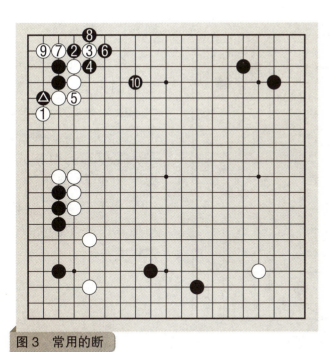

图3 常用的断

图3 常用的断

黑▲时，白1有连扳的变化。白1连扳后，黑2、4扳断是常用的手筋。白5粘，以下到白9，白棋占取实地，但仍不可避免地出现重复。下至黑10，黑棋非常满足。

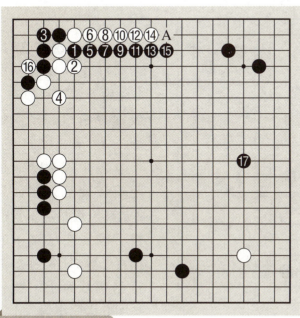

图4 强大的外势

图4 强大的外势

黑1断时，白2打吃的反击手段也可考虑。此时黑3冷静地粘是好棋，白4无奈，只好自补。黑5以下到黑15，黑棋取得了强大的外势，而且黑棋还有先手在A位挡的手段，结果白棋贪小失大。

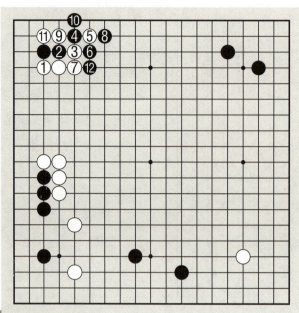

图5 挡的方向

图5 挡的方向

白1挡取左边是正确的方向，但白3、5连扳却是过分之举，黑6、8打吃白棋一子，黑棋形势很充分。以下到黑12为止，白棋虽得到实地，但黑棋取得了坚实的外势，黑棋充分。

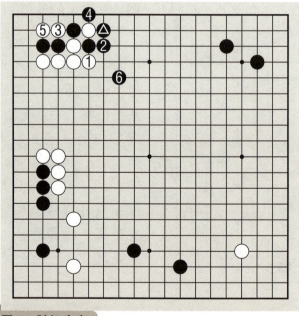

图6 随机应变

图6 随机应变

这是黑△打吃时，白1打吃的变化。白1之后，希望黑棋在4位提掉白棋一子，然后白再于2位打吃。但本图中黑2粘却是随机应变的好棋，黑2虽在一般情况下是损棋，但现在从棋子的配置上看却是好手。进行到黑6为止，结果与图5大同小异。

图 7　正确的方法

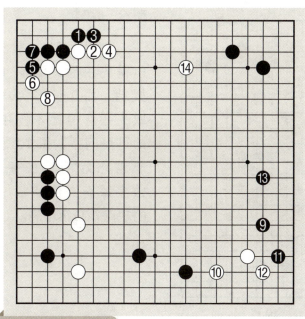

图 7　正确的方法

黑 1 扳，白 2 单退是正确的方法。以下到白 8 是基本定式，左边白棋外势在一定程度上得以利用。其后黑 9 挂到黑 13 开辟右边，白 14 扩张势力，白棋形势很充分。

图 8　有效的飞

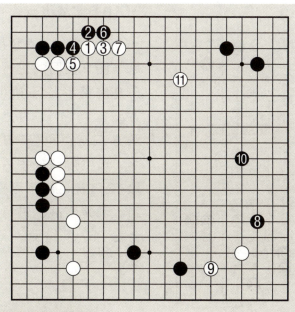

图 8　有效的飞

本图中的白 1 飞是更为有效的一手。以下到白 7，与图 7 的棋形相对照自可明其优劣。其后黑 8、10 构筑右边，白 11 在五线上扩张，白大有可为。

图9 余味

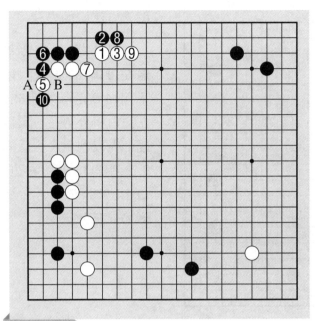

图9 余味

白1飞时，黑2争得先手后，黑4、6扳粘。白7长虽为争取先手，但在本图中却是疑问手。黑10是非常巧妙的试应手，白棋留有A位和B位的缺点，白棋不满。

图10 实战进行

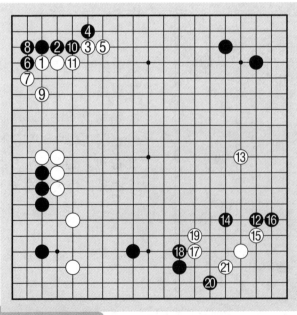

图10 实战进行

白1挡到黑8都是与图9相同的进行。白9虎整形是正确的方法，到白11为止，双方在左上角告一段落。黑棋得到先手后，黑12飞挂，以下到白21，都是实战的进行。全盘257手结束，黑胜1目半。

实战图 23　考虑对方的反击

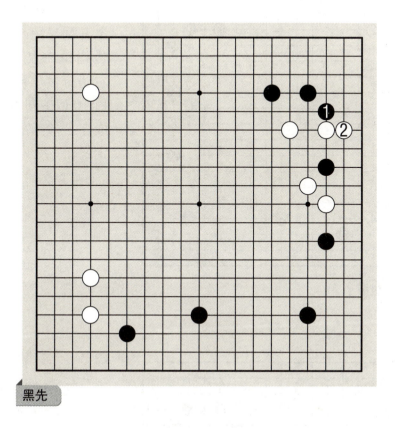

黑先

这是第 10 届"大王战"半决赛曹薰铉与金秀壮八段（白）的实战对局。现在黑 1 尖顶，白 2 下立。其后黑棋应考虑到白棋可能的反击手段，再决定自己的下一步棋。

图1 经过图

黑白双方均以二连星开局，黑5、7在下边构筑阵势，白8在右边分投。黑9以后，白10以下到白16，形成了一个星位的基本定式。

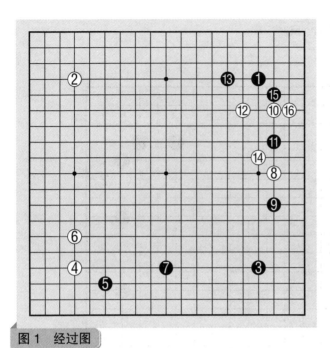

图1 经过图

图2 先发制人

黑1防止白棋三三点角，是重视实地的常用手法。但白2在上边先发制人，黑3、5只得向中腹出头，下到白6时，白棋先手占据上边，并且还补了右边的弱点。

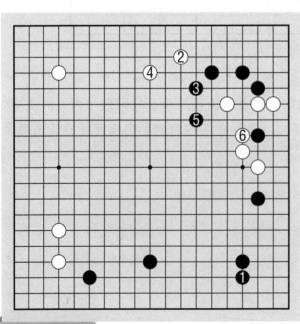

图2 先发制人

图3 白棋外势很厚

本图是黑1、3直接断的变化。黑3断后，白4打吃是好棋，其后黑5、7争得先手后，黑9占取实地。但白12提子后，白棋形成很厚的外势，黑棋不满。

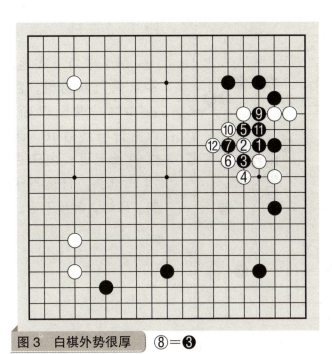

图3 白棋外势很厚 ⑧＝❸

图4 时机不成熟

白1时，黑2长，试图救活黑棋一子，但实际上对黑棋更加不利。白3以下到白9，右边黑棋二子已束手就擒。结论是存在着图3、图4中断的手段，但眼下时机不成熟。

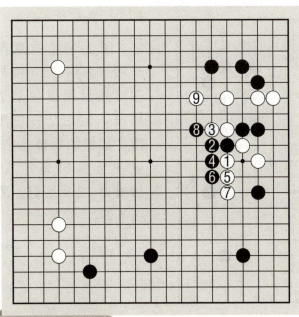

图4 时机不成熟

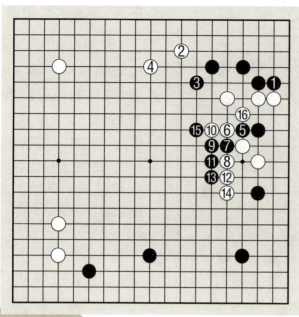

图5 黑无理

黑1守角上实地，并且伺机断白棋。白2、4时，黑5、7断，以下进行到白16，黑棋明显无理。由于白14的挺头，已适当限制了黑势，黑棋不满。

图5 黑无理

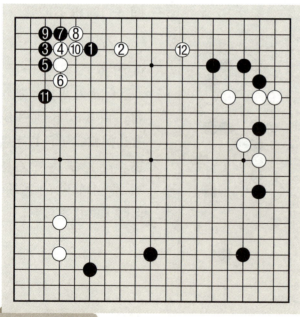

图6 绝好的拆

黑1飞挂的意图是希望白棋在11位补棋，然后黑棋在上边展开。但白2夹攻黑棋，黑棋的希望落空。以下至黑11是定式，接着白12拆绝好，黑棋不满。

图6 绝好的拆

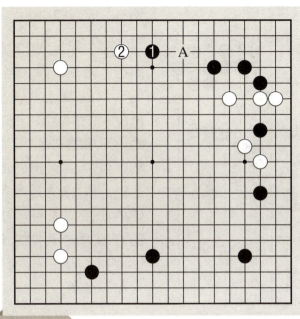

图7 本手

图7 本手

黑棋不在上边展开，无论如何都很难取得好的结果。因此图中黑1是正确的方向。但白2之后，黑棋有A位被打入的负担，因此黑1仍不是最恰当的。

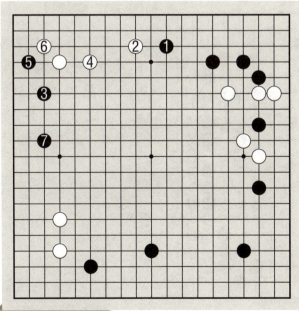

图8 适当的间隔

图8 适当的间隔

本图中的黑1飞的间隔很合适。白2之后，黑棋与图7相比，被打入的负担已大为减轻。黑3到黑7，黑棋开辟左边，结果黑棋形势好。

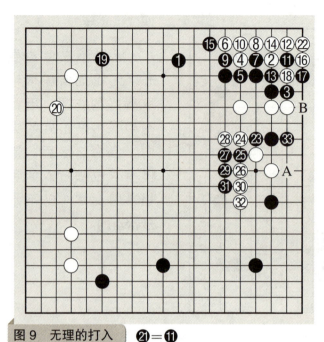

图9 无理的打入　㉑=⓫

图9　无理的打入

黑1时，白2立即打入无理。黑3挡，以下到白22，黑棋迫使白棋后手做活是正确的。其后黑23、25冲断，到白32是必然的进程，黑33立是准备好的强手，而且黑棋还有随时走A位或B位的手段。

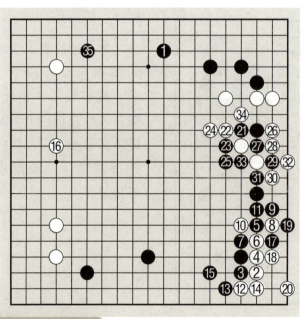

图10　实战进行

图10　实战进行

黑1时，白2立即点三三，黑3挡，以下到黑35是实战的进程。结果全局共300手结束，白胜半目。

实战图 24　后续手段

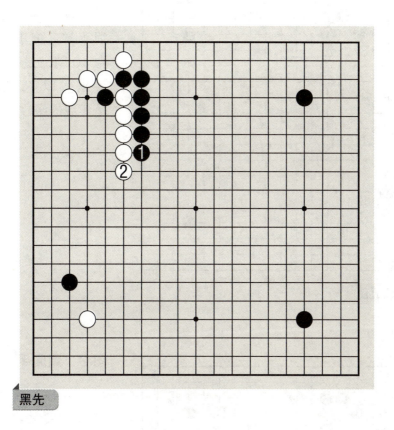

黑先

　　这是第 3 届"棋圣战"本选赛曹薰铉与金东烨四段（白）的实战对局。现在黑 1 长，白 2 也长。其后黑棋如何处理左下角飞挂的一子？

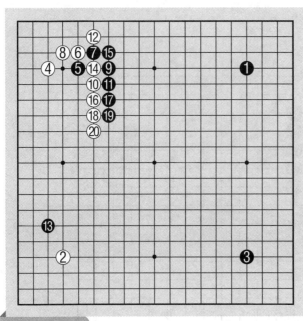

图1 经过图

图1 经过图

黑5挂，白6托很平常，但黑9虎时，白10刺又是不平常的手法。以下到白20，是实战的经过。

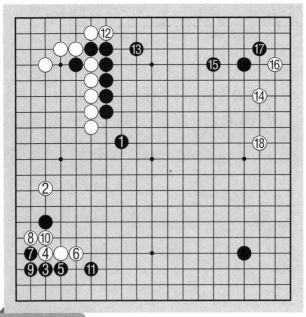

图2 疑问手

图2 疑问手

黑1飞虽是势力扩张的要处，但被白2夹攻后，黑1成为疑问手。下到黑11是定式，其后白12先手爬，接着白14在右上挂是正确的。到白18为止，白棋已成功开辟右边，形成白棋抢占了所有好点的局面，黑棋外势的价值也已经减半。

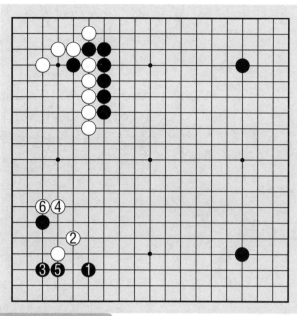

图3 理想的左边

图3 理想的左边

黑1双飞燕，其意图是通过攻击角上白棋取得利益。其后白2尖是冷静的好棋。黑3点三三，以下到白6，白棋占取很大的左边，白棋满足。

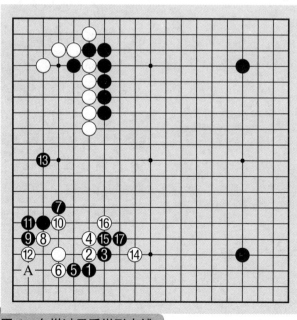

图4 白棋过于受棋形束缚

图4 白棋过于受棋形束缚

黑1时，白2靠是疑问手。黑3、5争得先手后，黑7尖是好棋。以下到黑17都是预想的进行，黑棋率先占据了很大的左边，而白棋还有A位的负担。

图5 左边是要点

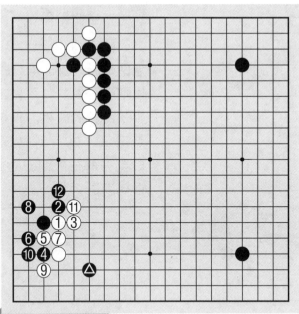

图5 左边是要点

黑△后,白1靠也是疑问手,此后黑2扳先手,黑4托是恰当的定式选择,以下到黑12,黑棋占取了价值极大的左边,白棋不满。

图6 黑棋不满

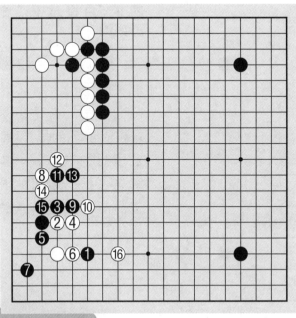

图6 黑棋不满

本图是黑1一间高夹的变化。黑1后,白2靠是好棋,黑3、5、7取得安定。到白16全部处理好两块白棋,黑棋不满。

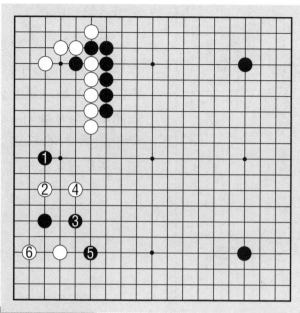

图7 黑棋不利

黑1拆是重视左边的手法，但白棋以强大的外势为后盾，白2打入后，黑棋作战不利。黑3、5时，白4、6是准备好的强手，此后不论黑棋如何努力，都难以取得好结果。

图7 黑棋不利

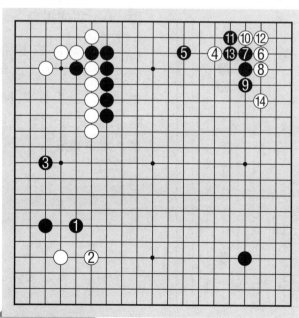

图8 黑棋受损

黑1跳，白2跳时，黑3再拆。但黑1与白2的交换，黑棋已然受损。白4飞挂，以下到白14为止，白棋步调快。

图8 黑棋受损

图9 恰当的拆

黑1拆二是牵制白棋势力的恰当手法，白2、4之后，黑5彻底消白势是正确的。占取价值最大的左边之后，黑棋满足。

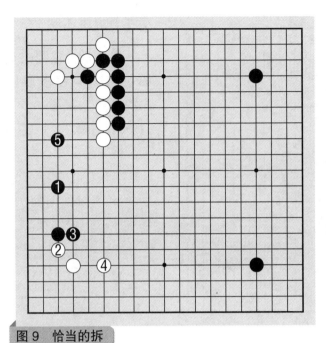

图9 恰当的拆

图10 实战进行

黑1时，白棋脱先在上边飞挂，以下到黑21是实战进程。结果全局共111手结束，黑中盘胜。

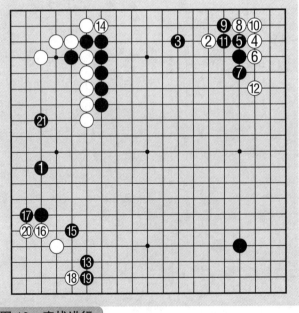

图10 实战进行

实战图 25　攻击的方法

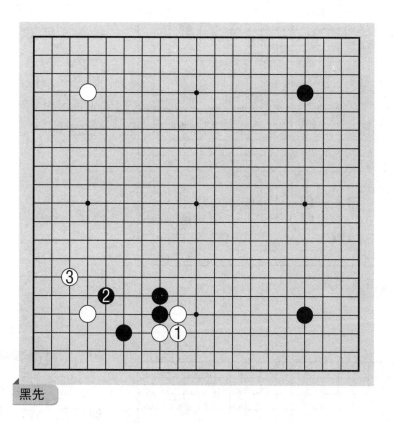

黑先

　　这是第 25 届"王位战"挑战赛曹薰铉与李昌镐（白）的实战对局。白 1 粘，黑 2 飞强化棋形，白 3 飞补。其后黑棋应以什么方法攻击下边白棋三子？

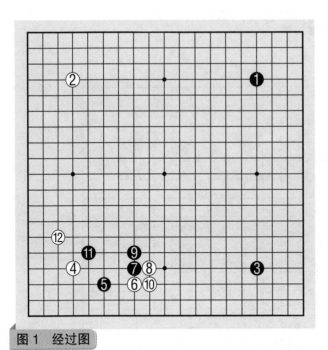

图1 经过图

图1 经过图

黑5飞挂时，白6夹攻是重视速度的手法。白6引诱黑棋点三三，但黑7飞压，以下到白12是实战的经过。

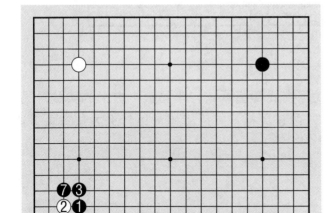

图2 白棋满意

图2 白棋满意

黑1的意图是先加强这一侧，再攻击下边的白棋三子。黑1之后，白2争得先手，下到白6，白棋下边整形，接着黑7挡，白8守角，结果白棋成功处理了两块棋。

图3 严厉的攻击

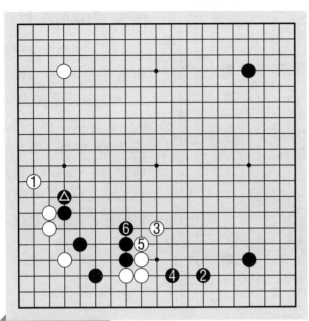

图3 严厉的攻击

黑▲时,白1飞,试图向边上发展,这是白棋的贪心。黑2夹攻是严厉的手段。白3向中腹逃,黑4破白棋根地,结果白棋变为浮棋。下到黑6时,白棋不满。

图4 帮对方走棋

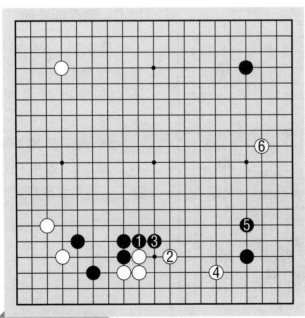

图4 帮对方走棋

黑1拐是很厚的棋,但白2、4轻易安定下边之后,黑反而是帮对方走棋。黑5跳后,白6分投,白棋以很快的步调控制局势。

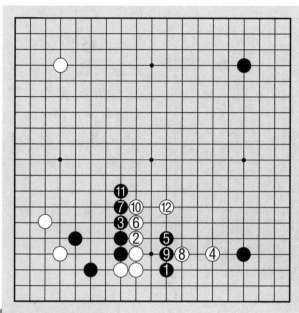

图5 白棋的反击

图5 白棋的反击

黑1的意图是破白棋三子的根地,并且实施攻击,但被白2、4严厉反攻之后,黑1成为疑问手。黑5跳向中腹,白6以下到白12,白棋反而对黑棋进行了有效的攻击。

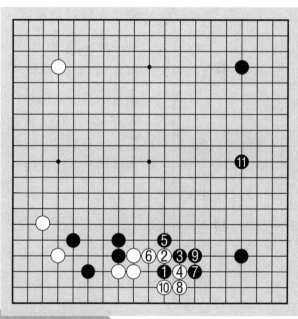

图6 错误的处理

图6 错误的处理

黑1时,白棋不像图5那样处理,而于白2靠则是恶手。黑3时,白4断虽是一种手法,但黑5以下至黑11,黑棋已掌握了大势的主动权。

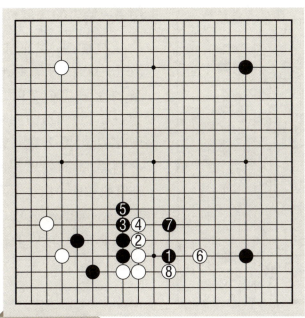

图7 黑棋失算

图7 黑棋失算

本图是黑1一间高夹的变化。黑1之后，白2、4争得先手，接着白6夹攻是好棋。黑7跳向中腹，白8托左右联络，结果黑棋失算。

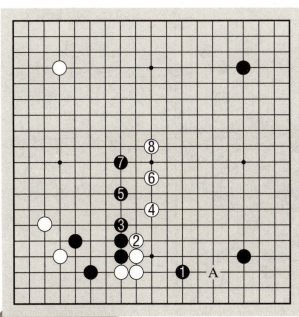

图8 黑棋留有弱点

图8 黑棋留有弱点

图5中黑1如果回缩一格对白棋攻击，白2以下到白8，白棋率先向中腹出头是好棋。以后A位的弱点将成为黑棋的负担，结论是黑1欠佳。

图9 恰当的攻击

本图中黑1飞,攻击白棋三子,是恰当的手法。白2以下到白6,白棋努力向中腹出头。黑7靠,以下到黑11的处理,是非常机敏的手段。下至黑13,黑棋通过攻击白棋掌握了局势的主动权。

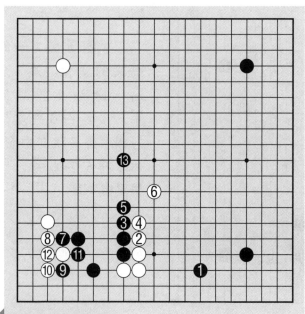

图9 恰当的攻击

图10 实战进行

黑1时,白2是避免图9被利用的下法,同时试图左右连接。黑3进攻,以下到黑33是实战的进行。结果全局共107手,黑中盘胜。

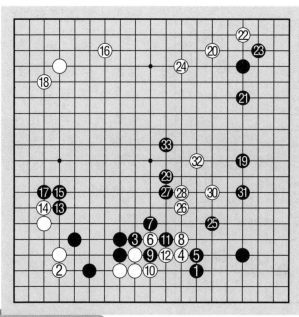

图10 实战进行

实战图 26　变着的应对

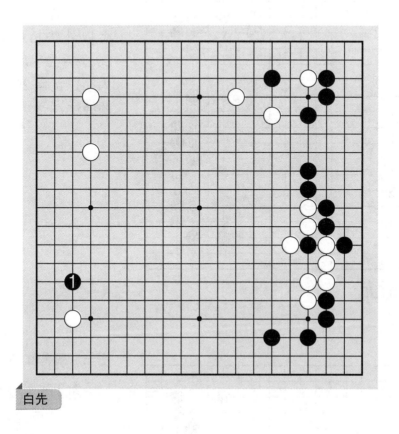

白先

这是第 25 届"王位战"挑战赛曹薰铉与李昌镐（黑）的对局。对白棋左下角的小目，黑 1 背向行棋，可以说是黑棋的一种变着。白棋应如何应对？白棋在决策时应首先把握黑 1 所包含的意义。

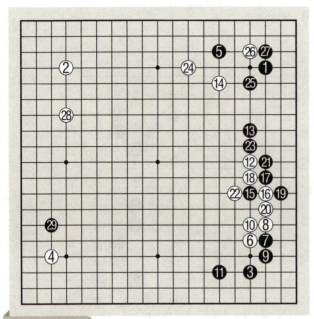

图1 经过图

图1 经过图

黑确保实地，白棋以外势相抗衡。白26争得先手后，白28大跳，至黑29是实战的经过。

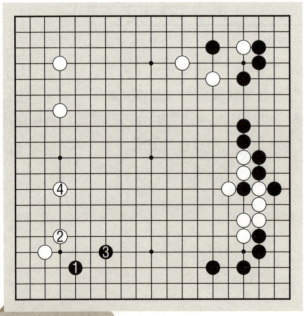

图2 理想的左边

图2 理想的左边

图1中黑29是一种变化，包含着黑棋的想法。如果像本图中黑1低挂，考虑到右下角棋子的配置，黑棋占下边价值不大。白4拆二，白棋在左边形成理想的阵形，结果白棋的左边要比黑棋的下边价值大。

图3 黑棋的意图

白1补时,黑2拆二,黑棋如愿以偿。白3拦,黑4占据要点,白5以下到黑10,黑棋处理上边之后,黑棋形势好。而且黑棋还有A位的利用。

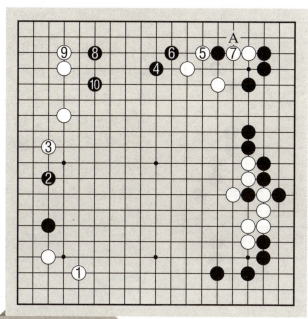

图3 黑棋的意图

图4 后门敞开

黑▲时,白1虽然是重视角上实地的手法,但由于白棋左上角的大门敞开,白1价值降低。黑2同样是急所,到黑6为止,处理上边之后,黑棋满足。

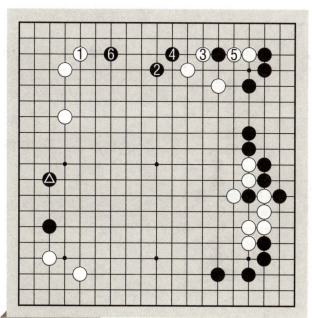

图4 后门敞开

图5 手筋

白棋想通过攻击黑△来处理左边。白1夹攻，黑2、4是手筋，白1变成疑问手。白5以下到黑12是预想的最佳次序，由于还有A位被断吃的余味，白棋不满。

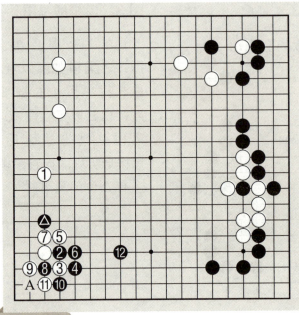

图5 手筋

图6 更加不利

黑△时，白1粘更加不利。白1之后，黑2粘是好棋，白3、5、7试图挑起战事，但黑8以下到黑16的进行，白棋不利。

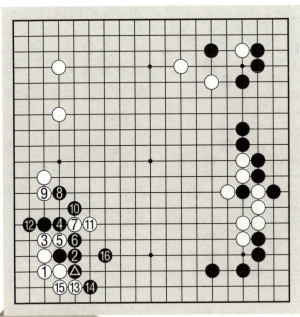

图6 更加不利

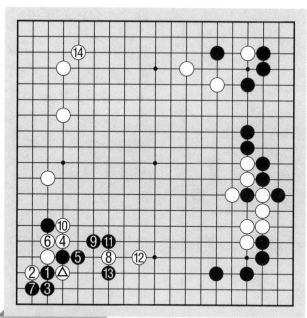

图7 错误的方法

图7 错误的方法

白⚠扳时，黑1虽是常用的处理手段，却是错误的方法。白2以下到白12是实战中经常出现的基本形状。但白棋争得先手后，在左上守角，黑棋布局不利。

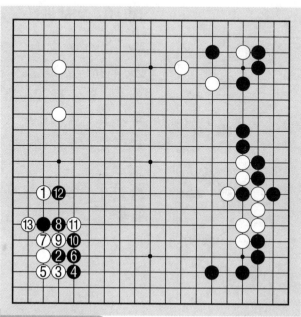

图8 恰当的夹攻

图8 恰当的夹攻

白1立即夹攻，不给黑棋任何喘息机会是好棋。黑2、4是前面已经阐述过的化解方法，但进行到白13为止，黑棋不利。

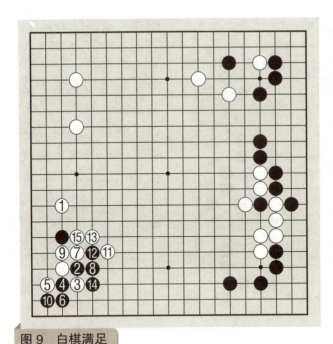

图9 白棋满足

图9 白棋满足

白1之后,黑2、4是要领。其后白5以下至白15是基本定式。但这种结果是白棋占据价值很大的左边,白棋满足。

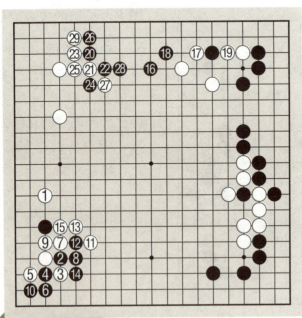

图10 实战进行

图10 实战进行

白1夹攻时,黑2、4进行处理,以下到白15是预定的结果。其后黑16夹攻,以下到白29,形成了实战过程。结果全局共250手结束,黑胜5目半。

实战图27　消势的手段

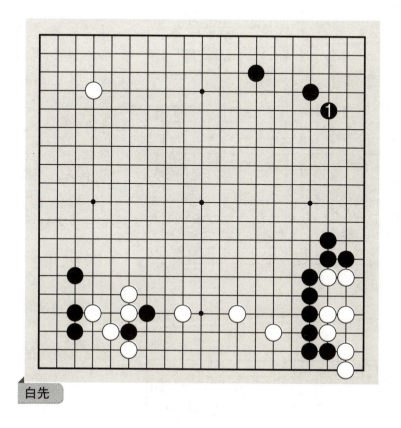

白先

这是第26届"王位战"本选赛曹薰铉与徐奉洙九段（黑）的实战对局。黑1尖守角，白棋应以什么方法来消黑棋右边的外势？

图1 经过图

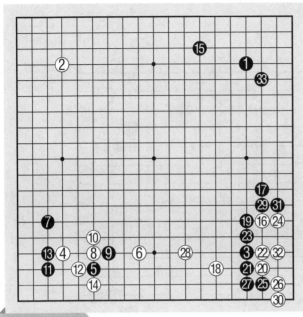

图1 经过图

黑17在右边夹攻时,白18在下边双飞燕,是步调很快的手法。其后白棋点三三是普通的进行,以下进行到黑27时,白28发展下边。其后黑31先手挡,是实战的经过。黑33时,白棋的下一步棋是关键。

图2 绝对的守角

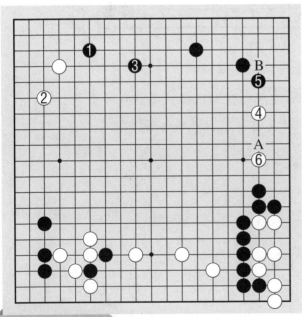

图2 绝对的守角

图1中黑33守是绝对的一手。本图中黑1、3虽步调很快地开辟上边,但白4分投是好棋。黑5时,白6大致取得安定,下边黑棋外势已无用武之地。如果黑5下在A位夹攻,那么白B位靠即可化解。

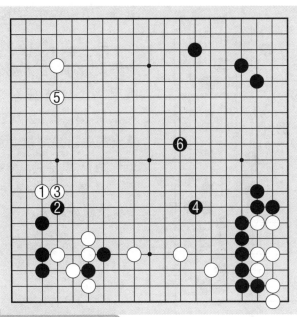

图 3 黑棋争得先手

图 3　黑棋争得先手

白 1 针对黑棋弱点开辟左边，但黑 2 争得先手后，黑 4、6 极力扩张右边，白棋在大势上落后。白棋如不对右侧黑势进行牵制，白棋不能取胜。

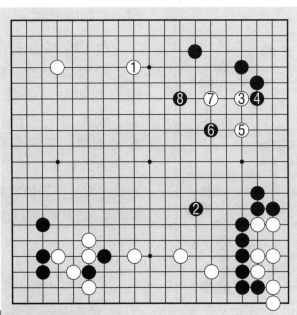

图 4 无理打入

图 4　无理打入

白 1 拆是间接牵制黑棋势力的棋。但黑 2 扩张时，白棋如不在右边进行打入，便难以取胜。白 3 肩冲虽是一种打入手法，但以下到黑 8 为止，白棋不可否认要面临苦战。

图5 黑棋攻击白棋

白1直接打入,形势又如何?在大部分情况下,这样孤军深入都不好。黑2从远处攻击白棋是好棋。白3逃跑,黑4以下到黑12,黑棋攻击得法,结果黑棋形势好。

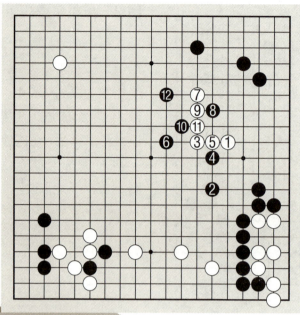

图5 黑棋攻击白棋

图6 右边很大

白1扩张自己形势,同时也是消黑棋势力的手法,但黑2以下到黑10,黑棋将右边走厚。下边白棋无法与右边黑棋相比,黑棋在右边得到的利益太大。结果白棋明显不利。

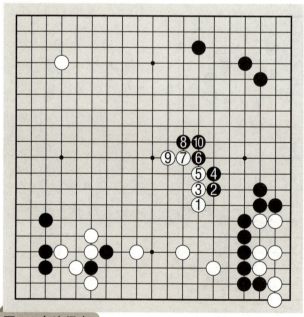

图6 右边很大

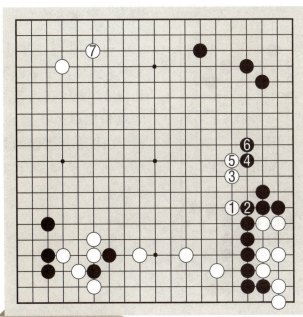

图7 利用对方弱点

图7 利用对方弱点

白1、3利用黑棋的弱点,消黑棋势力是正确的选择。如果黑4、6防守右边,白棋可以先手压制黑棋势力,然后在左上缔角,结果白棋非常满足。

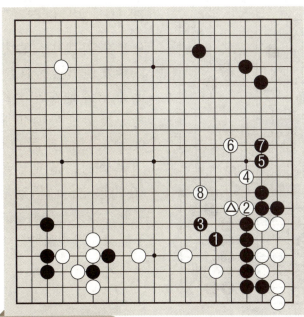

图8 无理的反攻

图8 无理的反攻

白△刺时,黑1、3试图反击,但黑棋存在弱点,白棋利用黑棋的弱点,到白8为止,白棋整形,结果证明黑棋无理。

图9 黑棋受攻

白△跳时，黑1、3寻求变化，白2以下到白8，白棋在大范围内攻击黑棋是正确的。结果白棋利用黑棋的弱点，一下子掌握了主动权。

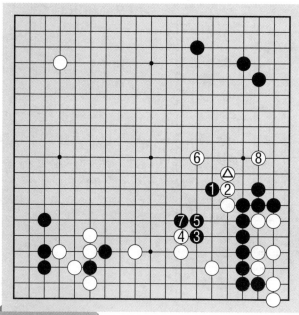

图9 黑棋受攻

图10 实战进行

在实战中，白棋未能发现黑棋的弱点，而是单纯地在左上缔角。黑2是势力扩张的绝好点，其后白9消黑势时，遭受到黑10的攻击，白棋明显不利。结果全局共239手结束，黑中盘胜。

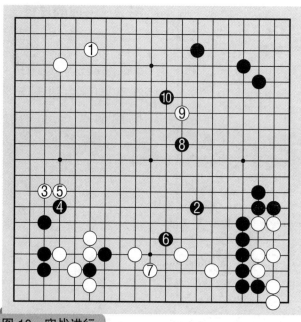

图10 实战进行

实战图 28　积极地控制局势

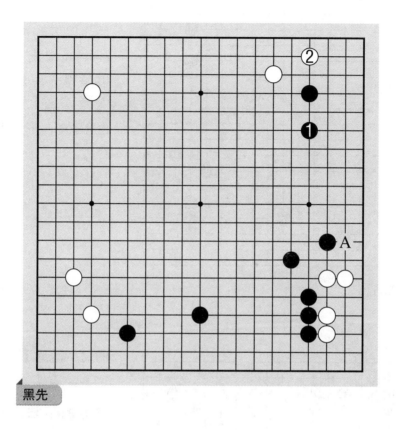

黑先

这是第 35 届"国手战"挑战赛曹薰铉与李昌镐（白）的实战对局。现在是黑 1 守后白 2 飞的棋形。黑棋面对白棋的实地，欲积极地控制局势。注意由于 A 位的门开着，右边价值很低。

图1　经过图

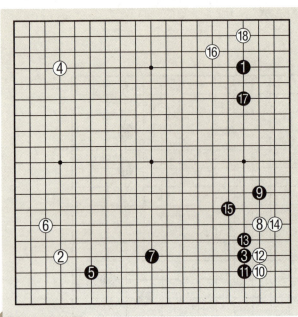

图1　经过图

黑白均以二连星开局，以下到黑15是实战中经常出现的。白棋争得先手后，白16飞挂，黑17补角时，白18飞，形成实战的经过。

图2　普通下法

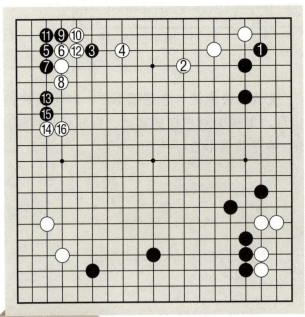

图2　普通下法

黑1尖三三是最普通的下法，但由于右边的门敞开，因此右边价值降低。黑1之后，白2飞将位置提高。黑3挂，以下到白16，白棋广阔。

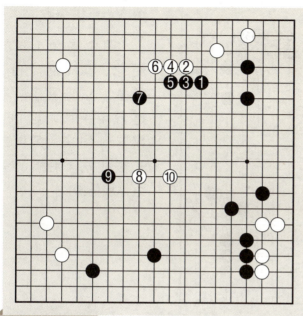

图3 黑棋冒险

图3 黑棋冒险

黑1大飞取势，以下到黑7，白棋得到了实地，而黑棋也扩张了势力。但是当白棋来消势时，黑棋的攻击效果不明显。黑9镇攻击白棋，白10向里跳，结果黑棋很难吃住白棋。

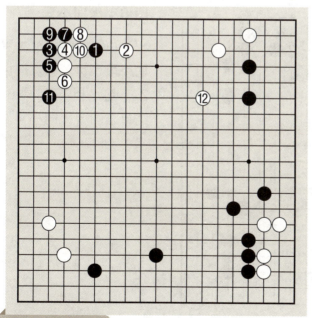

图4 理想的上边

图4 理想的上边

黑1挂是脱离主战场的棋，其后白2夹攻争先手是正确的。以下到黑11，白棋完成定式之后，白12大飞，白势充满活力，白棋上边非常理想。

图5 黑棋失败

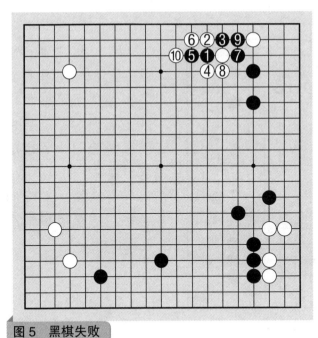

图5 黑棋失败

图中是黑1靠的变化。黑1后，白2扳是好棋。黑3断虽是常用手段，但白4以下到白10，黑棋二子被征吃，黑棋的势力作战失败。

图6 大同小异

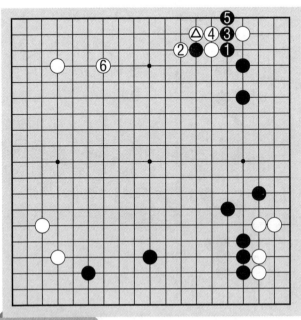

图6 大同小异

白⊚扳时，黑1夹的手段也可考虑。但白2打吃，以下到白6，结果与图5大同小异。

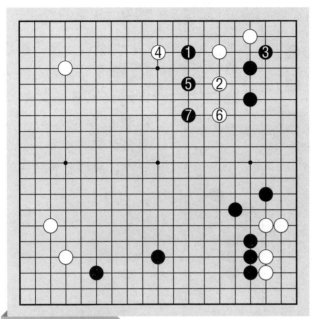

图7 恰当的夹攻

图7 恰当的夹攻

黑1夹攻,积极利用其外势是好棋。白2跳,黑3去白棋根地,以下到黑7为止,白棋被赶得到处跑,白棋不满。

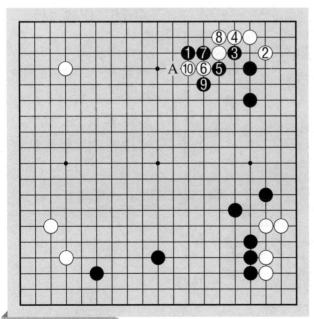

图8 黑棋的失误

图8 黑棋的失误

黑1夹攻时,白2三三进角,但黑3以下到黑5的处理由于黑棋征子不利,因而不能成立。进行到白10时,由于黑棋在A位的征子不成立,黑棋失望。

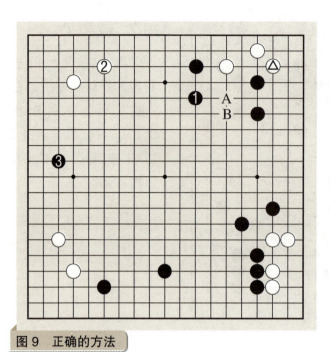

图9　正确的方法

图9　正确的方法

白△时，黑1跳是正确的方法。白若在A位跳，黑B位封的手段是可以成立的。其后白2如果缔角，黑3分投，黑棋着着领先。

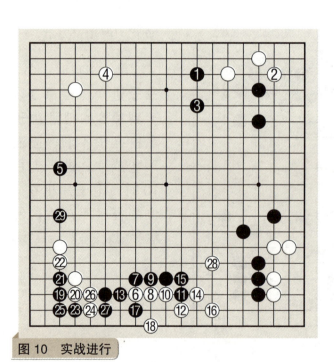

图10　实战进行

图10　实战进行

黑1夹攻，以下到黑5，与图9的进行相同。其后白6打入，以下到黑29，是实战的进行，黑棋形势好。结果全局共141手结束，黑中盘胜。

实战图 29　主动权的争取

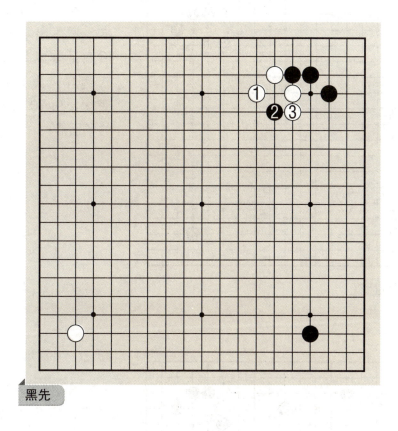

黑先

这是第18届"王位战"挑战赛曹薰铉与许壮会四段（白）的实战对局。白1虎，黑2刺，白3长多少有点疑问。白3一般会在相反的方向长。现在黑棋如何利用白棋的失着，争取控制住局势呢？

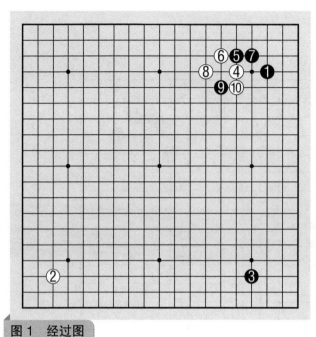

图1 经过图

黑1、3时，白4挂，派生出本图棋形。黑5是非常简单的定式选择，黑9刺寻求变化，白10长成实战的场面。

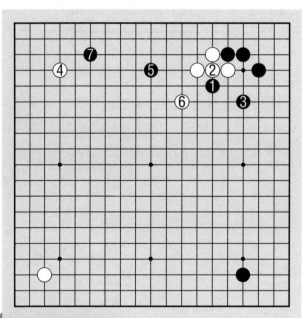

图2 平常地进行

黑1时，白2如果连，黑3飞是大家熟悉的棋形。白4占取最后一个角是必然的选择，其后黑5、7占取上边。而上边白棋正是因为有这种被攻击的危险，才像实战图29中那样寻求变化。

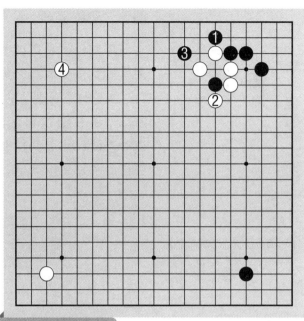

图 3　白棋的意图

图 3　白棋的意图

黑 1 如果扳，白 2 取外势是白棋的意图。到黑 3 为止，黑棋虽然取得实地，但白棋先手定形后，白 4 占角，白棋满足。当然黑棋是不会这样下的。

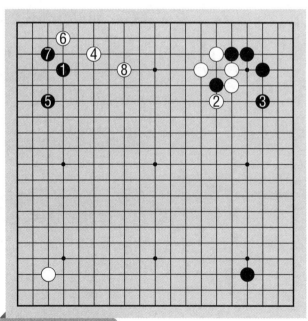

图 4　黑棋不明智

图 4　黑棋不明智

黑棋脱先占据左上角，是黑棋不明智之举。白 2 扳是很厚的一手棋，黑 3 跳，白 4 以下到白 8，白棋构筑上边，白棋满足。

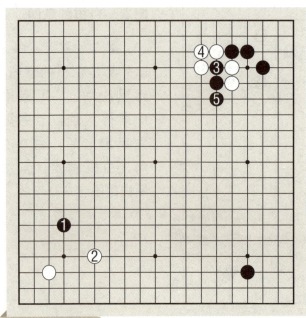

图5 利用征子

黑棋希望利用征子来实施其作战意图,黑1正是这样的手段。白2补,黑3断是好棋。白4接时,黑5长控制白棋二子,黑棋满足。

图5 利用征子

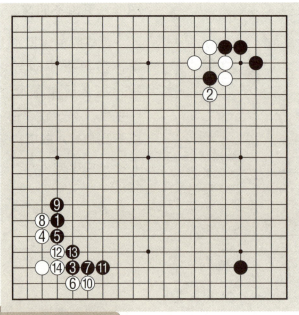

图6 利用价值不大

黑1时,白棋从左下方抽身,白2在右上方扳以消除黑棋对征子的利用。黑棋顶多黑3封锁白棋,但实际上并没有给白棋造成很大威胁,白4以下到白14又还原成定式。结论是黑1对征子的利用是不恰当的。

图6 利用价值不大

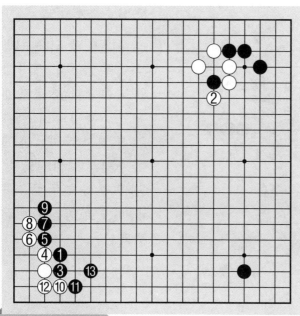

图7 正确的利用

图7 正确的利用

黑1利用征子是正确的。白2扳消除黑棋对征子的利用，其后黑3挡，以下到黑13是定式的进行，形成黑占星位后白来点三三的棋形，结果黑棋成功。

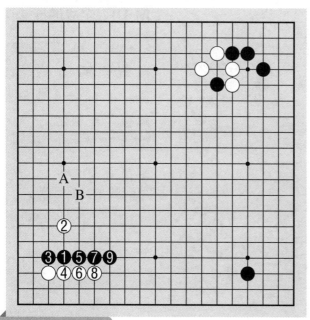

图8 过于贪心

图8 过于贪心

黑1时，白2最大限度地避免利用征子，是白棋过于贪心。黑3挡，以下至黑9，黑棋取外势是正确的，以后黑棋有先手在A位、B位等夹攻白棋的手段，白棋更加不利。

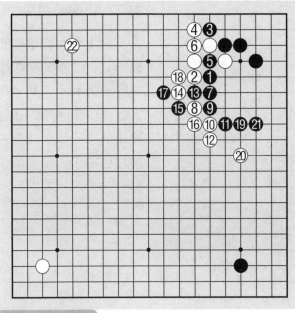

图9 基本定式

图9 基本定式

现在我们再回到实战图29中。黑1刺时,白2挡是正确的方法。黑3以下到黑21是基本定式,形成了外势与实利的转换。白棋争得先手后,再占据左上角,白棋形势好。

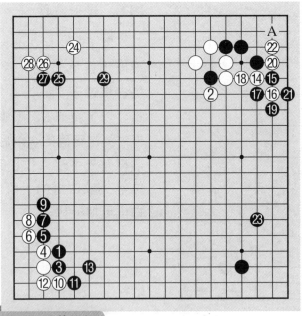

图10 实战进行

图10 实战进行

黑1利用征子,以下到黑13告一段落。白14挡,攻角上黑棋,至白22,角上仍存黑A靠的余味。结果全局共354手结束,黑胜11目半。

实战图 30　主动权的掌握

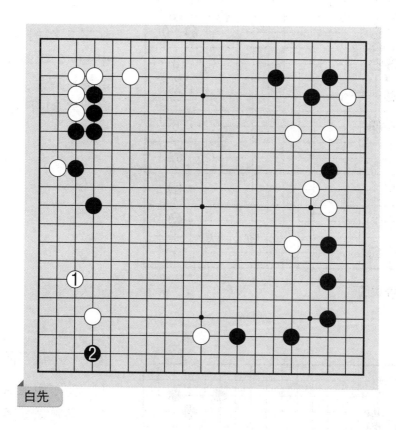

白先

　　这是第 37 届"国手战"挑战赛曹薰铉与李昌镐（黑）的实战对局。白 1 时，黑 2 下潜是常用的渗透手段。白棋如何才能通过攻击黑棋一子来掌握局面的主动权？

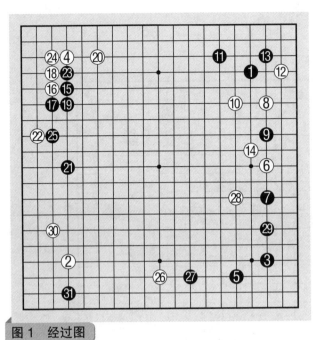

图1 经过图

图1 经过图

黑9打入到白14都是自然的进行，其中白12飞是非常机敏的试应手。白30飞时，黑31下潜成实战的经过。

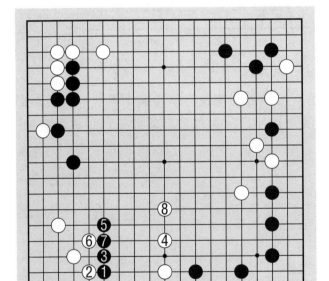

图2 不适当的打入

图2 不适当的打入

图1中黑31不下潜，而是像本图中黑1打入，则是不适当之举。白2尖顶，诱使黑棋走重，黑3以下到白8，结果黑棋不利。

图3 另一种打入手段

黑1的渗透手段也在实战中经常使用。但以下到黑17，白棋捞取了实地，白18跳，使黑棋的外势变得没有价值。因此黑棋在打入左下方时，一般会像实战图那样下。

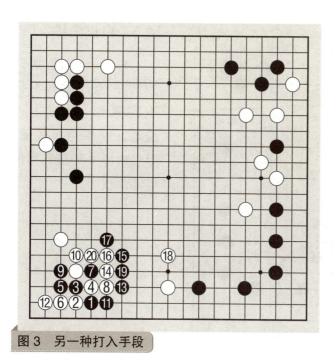

图3 另一种打入手段

图4 差别

黑棋在二线上渗透时，白1顶的手段是最易考虑的。黑2以下到黑10是预想的进行，结果白棋乏味。本图与图3差别极大。

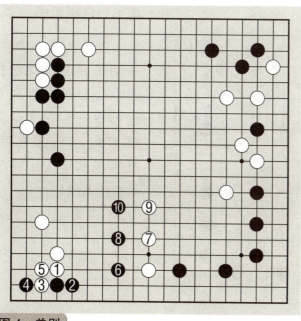

图4 差别

图5 白棋失算

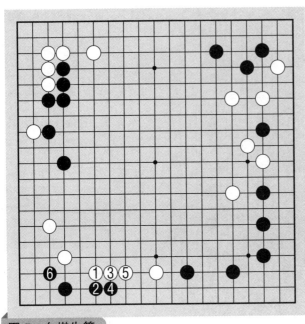

白1飞是重视外势的手法，但黑2以下到黑6，黑棋占取实地，结果白棋失算。而且白棋外势被利用的可能性很小。

图5 白棋失算

图6 白棋消极

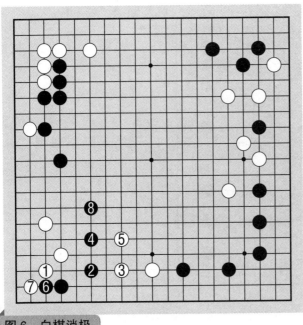

白1在三三防守是消极手法，黑2整形后，白棋很难对其进行攻击。白3除黑棋根地，到黑8时，黑棋扬长而去，结果黑棋打入成功。

图6 白棋消极

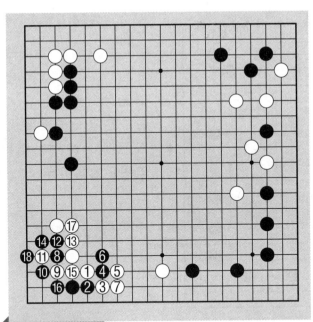

图7 实地很大

图7 实地很大

白1尖也是重视外势的手法，黑2、4、6争得先手后再黑8托是好次序。白9时，黑10扳是好棋，以下到白17是预想的进行。黑棋实地太大，白棋不满，而且被断的黑棋二子还有利用价值。

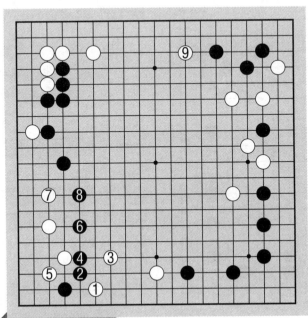

图8 最强的应手

图8 最强的应手

白1走象步是目前情况下最强的应手。黑2穿象眼，白3飞则是准备好的。黑4之后，白5以下到白7，白棋先手占取实地，然后白9占据上边要点，白棋形势好。

图9 大同小异

白1时，黑2进三三，白3挡，白棋很充分。其后黑6粘，白7打吃一子是要领。以下到白11时，结果与图8大同小异。

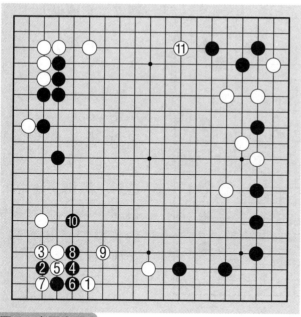

图9 大同小异

图10 实战进行

白1时，黑2进三三角是实战。黑4时，白5是局部的失着。白5下在A位才正确，这样不仅角上味道不同，而且与右边白子保持的间隔也是适当的。到白7时，黑棋已先手做活，以下到黑24都是实战的进行。全局共158手，白中盘胜。

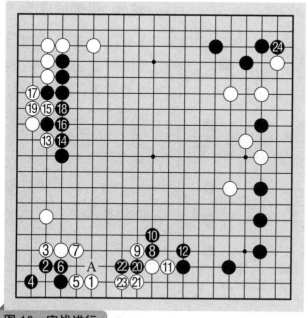

图10 实战进行

第2章

布局技巧练习

问题 1　把握外势的价值

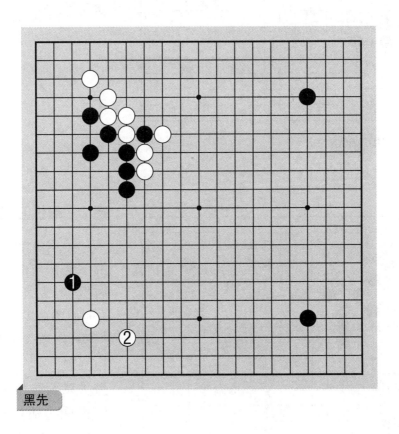

黑先

　　黑棋以左上外势为后盾，黑1在左下角飞挂，白2小飞则是稳健的应手，略显气势不足。黑棋应考虑到周边棋子的配置，决定下一步棋。本题重要的是要把握好外势的价值。

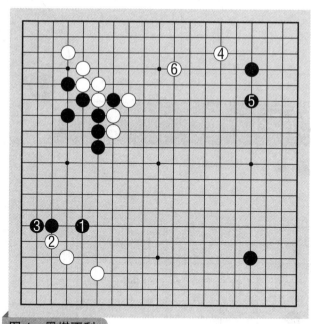

图1 黑棋不利

图1 黑棋不利

黑1跳是扩张左边黑势的急所，但被白4飞挂，黑棋反而招来不利的结果。下到白6时，左边黑势虽然很可观，但上边白势更为理想。

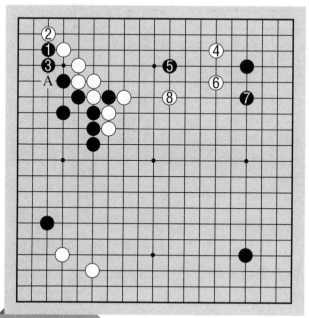

图2 黑棋无理

图2 黑棋无理

黑1是重视实地的下法，与白A相比，有相当大的差别。但黑1时机不成熟。白2争得先手后，白4在上边飞挂，扩张白棋势力。黑5虽欲防止白棋像图1那样筑成理想阵势，但到白8时，黑棋明显无理。

图3 脱离主战场

黑1以三连星扩张右边，但实际上方向错误。从周边的棋子配置考虑，上边价值要比右边更大。下至白4，白棋在上边取势，黑棋不满意。

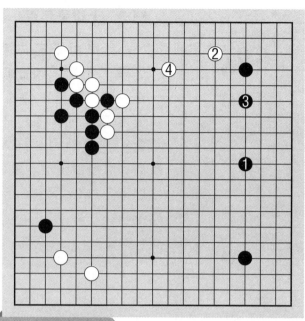

图3 脱离主战场

图4 无理的打入

黑1缔角也是方向错误。白2在上边展开，扩张白棋势力是正确的。其后黑3打入，白4以下到白6，黑棋受到打击，非常难受。以后即使黑棋不被吃住，但为了求活，肯定要付出不少代价。

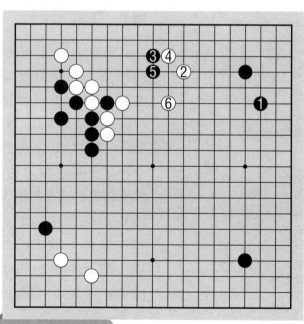

图4 无理的打入

图5 上边是焦点

黑棋由于已先手处理了左边，因此现在处理上边是正确的。但本图中的黑1过于贪心，遭到白2打入后，黑棋很困难。黑3以下到白6，黑棋战斗不利。

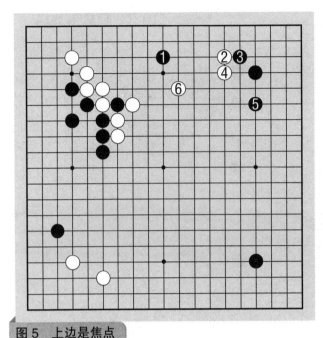

图5 上边是焦点

图6 正解

黑1大飞是正确的手法，白棋外势非常强大时，黑棋如此慢慢地消势是要领。白2后，黑3、5争得先手，黑7再占据右边，黑棋满足。现在我们再回到问题图中，上边和左边都是很大的大场，正是由于白棋走得缓，才招致本图的结果。

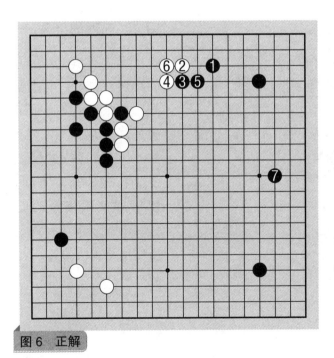

图6 正解

问题 2　选择牵制的方向 ▶▶

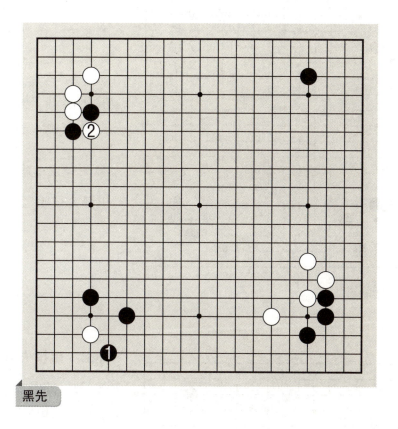

黑先

　　黑 1 攻击角上白棋一子，白棋也在 2 位断黑棋以挽回损失。黑棋要判断，应牵制左上角和右下角白棋外势中的哪一侧。

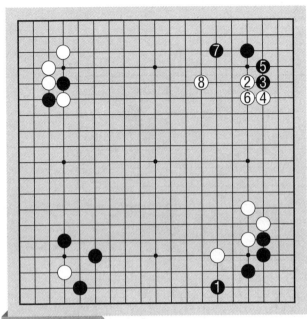

图 1 贪图安定

黑 1 飞，过于贪图安定。其实即使白棋先手利用，在下边取势，由于有左下角黑棋的限制，其价值会大降。黑 1 之后，白 2 高挂是绝好点，以下到白 8 为止，右边白棋势力很明显。

图 1 贪图安定

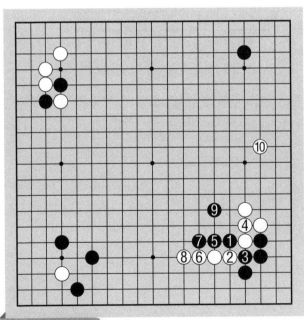

图 2 黑棋失算

黑 1 搭断的目的是利用黑棋左下角的外势诱导白棋进行战斗。但以下到白 10 的进行，白棋首先得到右边，黑棋不满。这是因为黑角仍不很安全，因而在对下边白棋进行攻击时会有所顾忌。

图 2 黑棋失算

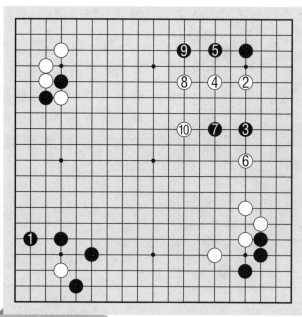

图3 时机不成熟

图3 时机不成熟

黑1跳的意图是避免被白棋利用，并且更大地占取角地，不过黑1时机不成熟，实际上是步缓着。白2高挂是绝好点，黑3夹攻，阻止白棋构筑右边，以下到白10为止，黑棋受攻，明显处于劣势。

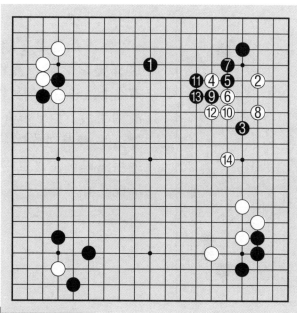

图4 右边很大

图4 右边很大

黑1是牵制白棋左上角外势的手法，但右边价值更大，白2飞挂之后，黑棋不满。黑3虽是阻止白棋构筑右边的手法，但以下到白14，白棋右边已大为巩固。

图 5　黑遭反袭

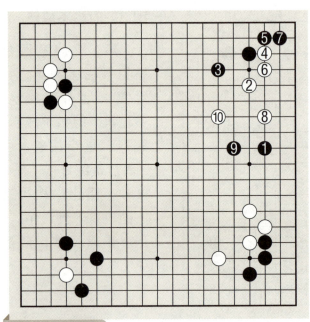

黑1展开是重视右边的手法，但被白2的反击之后，黑棋困难。黑3以下是预想的进程，到白10时，黑棋二子受攻。

图5　黑遭反袭

图 6　正解

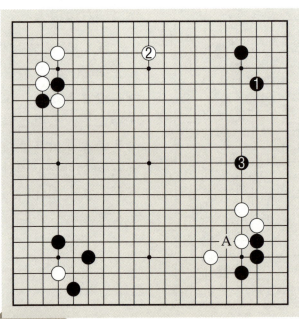

黑1缔角是正解。这样缔角之后，黑棋有在上边和右边伺机作战的手段。白2展开，黑3是预定的下法，以后黑棋可在A位搭，黑棋成功。

图6　正解

问题 3　外势和实地的协调

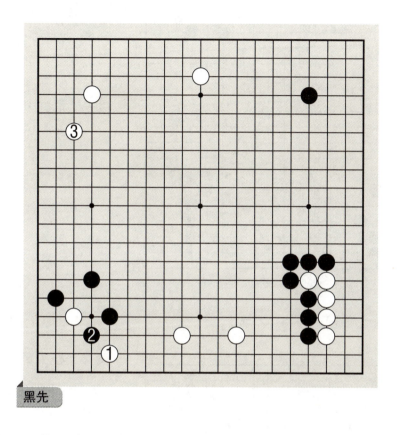

黑先

　　白1下潜，待黑2之后，白3缔角。黑棋在全局取得了外势，但实地却显不足。黑棋如何寻求协调外势和实地的均衡点呢？

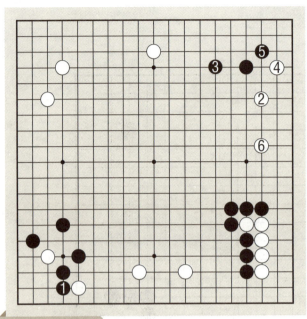

图1 仅为官子

图1 仅为官子

黑1虽确实是防守角地的手法，但实际上仅是占官子。白2飞挂，以下到白6，黑棋无法追赶上白棋。

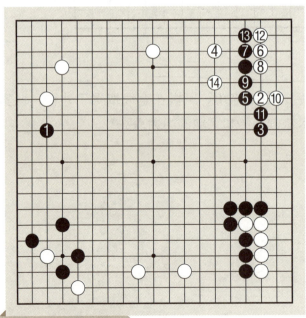

图2 在大势上落后

图2 在大势上落后

黑1虽是扩张左下的手法，却无法对左上角白棋施加太多的影响，黑棋不满。白2飞挂是要点，黑3夹攻，最大限度地利用下侧黑棋外势，以下到白14，黑棋在大势上仍落后。

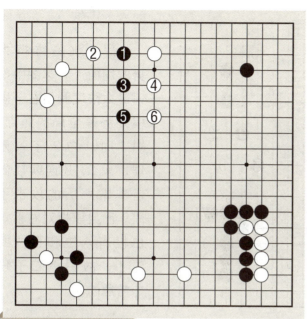

图3 黑棋外势被削弱

图3 黑棋外势被削弱

黑1打入上边，但白2以下到白6，黑棋受攻。由此证明黑1时机不成熟。黑棋在受到攻击的同时，右下黑棋外势自然被削弱，结果黑棋不满。

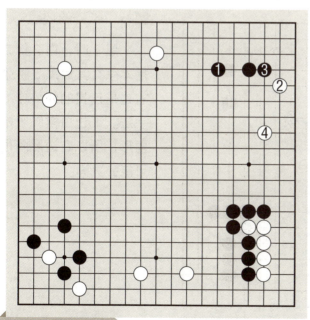

图4 绝好的打入

图4 绝好的打入

黑1跳，保角地，并且还间接扩大黑棋外势，但白2下潜，黑棋缺少恰当的攻击手段。黑3下立，白4略具活形之后，黑棋不满。

图5 正解

黑1跳是维持大势的均衡点。本图中如何最大限度利用右下黑棋外势是全局的焦点。黑1时，白2打入无理，黑3、5连续飞封是非常严厉的攻击手段。而且黑棋对右下角白棋有A位和B位的先手，故白棋二子已非常危险。

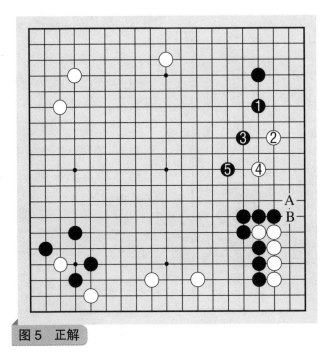

图5 正解

图6 张势的要点

黑1时，白2拆二是本手，其后黑3扩张右边是连贯的外势作战手法。下边白棋二子是弱形，所以右边黑阵很可能会巩固。

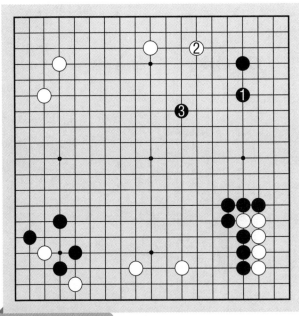

图6 张势的要点

问题 4 外势的利用

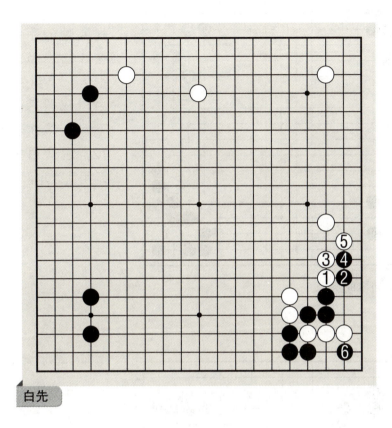

白先

右下角白1到黑6完成定式,黑棋得到了不少实地,白棋也得到了外势。现在的问题是白棋应如何利用自己的外势?

图1 时机不成熟

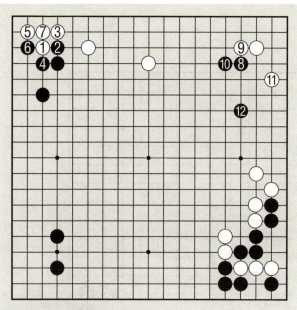

图1 时机不成熟

白1点三三是重视实地的手法，与黑在3位跳相比，差别很大。但到白7为止，白棋落得后手，白棋不满。黑8以下到黑12，右边白棋外势已无用武之地。

图2 黑好

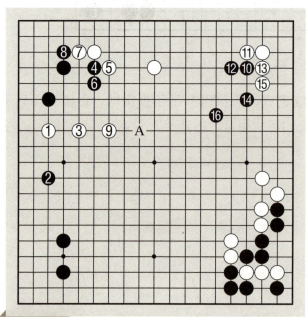

图2 黑好

白1的意图是压迫角上黑棋二子，以掌握局势。黑棋并不贪图角地，而是黑2夹击，黑10是好棋，以后黑棋还有A位攻击的手段，结果黑好。

图3 白棋被压在低位

白1跳，黑2争得先手后，黑4是好手，白5以下到黑10，白棋全部被压在低位，白棋不满。

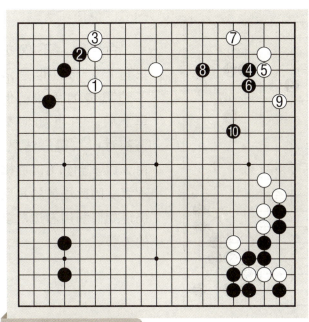

图3 白棋被压在低位

图4 白棋外势被削弱

白1打入，黑2夹攻是正确的选择。白3、5跳向中腹，黑6也继续往中腹跳，黑棋好。白棋在求安定之时，右侧白棋外势自然被削弱。

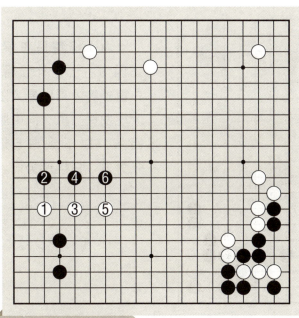

图4 白棋外势被削弱

图5 价值不大

白1跳,不仅扩张自己,而且也是消下边黑势的手段,但黑2后,白棋如何努力都难以取得好结果。白3以下到黑8,白棋不满。因此局势的焦点仍是如何利用右边白棋的外势。

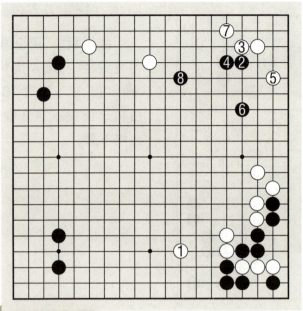

图5 价值不大

图6 正解

白1缔角是正解。正因为右上角补强后,白棋外势才得以最大限度地发挥。黑2向中腹出头,以下到白5扩张势力,白棋形势好。

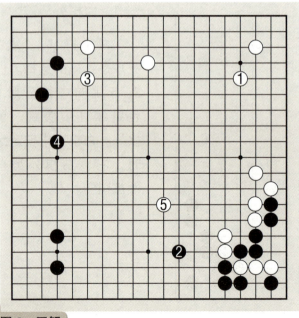

图6 正解

问题 5　局面的头绪

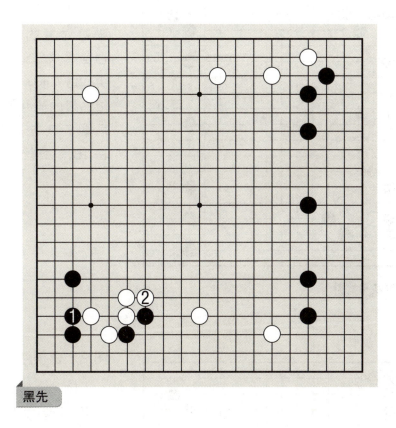

黑先

　　黑1、白2后,黑棋可下的地方很多。那么,黑棋应从什么地方来理出局面的头绪呢?

图1 时机不成熟

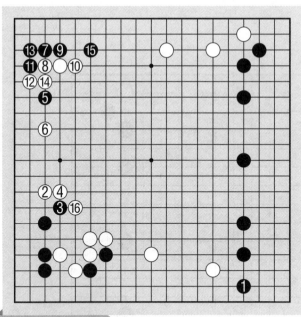

图1 时机不成熟

黑1守角，并且瞄着对方的弱点，但白2非常严厉，黑3尖，白4长，左边已变成白棋的势力范围。其后黑5飞挂，以下到白16，白棋很厚。

图2 白棋活跃

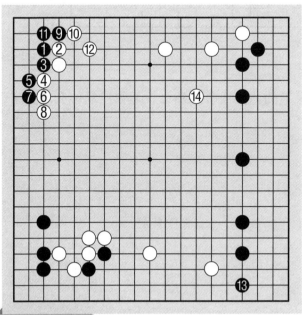

图2 白棋活跃

黑1点三三，虽是最易考虑的手法，但时机不好，以下到白12，白棋筑成很厚的外势，白棋非常满足。其后黑13跳守角，白14扩张势力，白棋局面广阔。

图3 浮棋

黑1挂重视上边，但右上由于有白子，因此上边价值降低。黑5之后，白6是绝好点，这样左边全部变成了白棋的势力范围。其后黑7贪心，以下到白10，白棋非常满足。

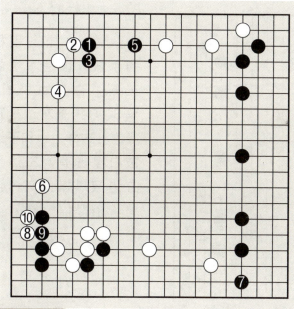

图3 浮棋

图4 黑棋迟缓

黑1在补自己弱点的同时，很稳地扩大实地，但是过于迟缓。白2、4轻易占据左上角后，黑棋不满。

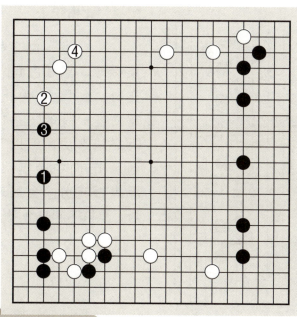

图4 黑棋迟缓

图5 积极的飞挂

黑1飞挂是积极的手法，也是本图的正解。白2如果补，黑3、5构筑左边是正确的。这样上边和下边被白棋占有，左边和右边被黑棋占有，全局来看黑厚。

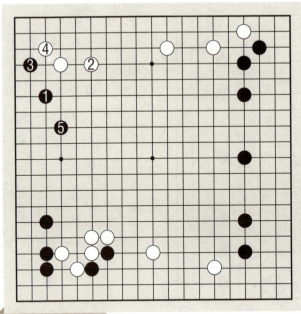

图5 积极的飞挂

图6 实地很大

黑1时，白2如果夹攻，黑3占角很充分。到黑11为止，定式告一段落。白12拆拦很严厉，但以下到黑15向中腹挺头，黑棋很充分。全局来看，黑棋下起来舒服。

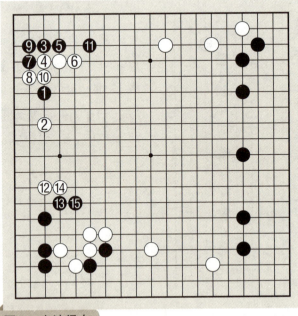

图6 实地很大

问题 6　白棋的下一手棋

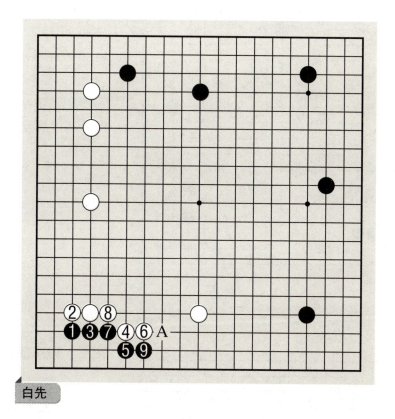

白先

黑 1 点三三时，白 2 挡，然后白 4 飞是好选择。白 6 时，黑 7、9 虽是后手，却瞄着白棋 A 位的弱点。在目前情况下，白棋并不急于在 A 位补，白棋的下一手棋应下在什么地方？

图1 空门

白1飞挂是扩张白势的手法,但由于白棋在A位开着门,因此白棋不应在下边围地。黑棋平常地于2位补可以满足。

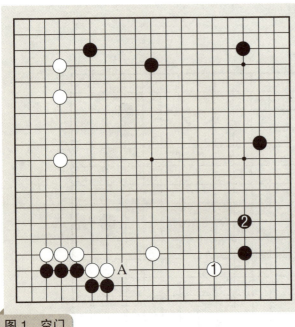

图1 空门

图2 理想的布局

白1飞挂,黑2夹攻,白3点三三,以下到白11,黑棋争得先手后在右上缔角,黑棋形成理想的阵形。这是白棋图谋下边所形成的结果。

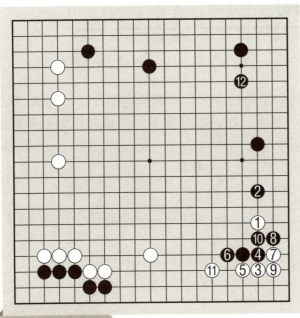

图2 理想的布局

图3 守角的差别

白1在守角的同时，还伺机对上边黑棋进行打入，但白1不能与黑2在右上守角的价值相比。黑2后，黑棋从上边到右边形成了理想的阵形，黑棋布局成功。

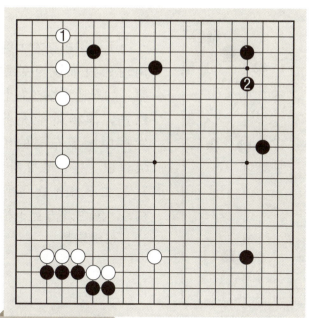

图3 守角的差别

图4 无理的打入

白1打入直接消上边黑势，但黑2时，白棋缺乏后续手段。白3、5向中腹逃跑，到黑6为止，白棋受到攻击，今后的日子不会好过。

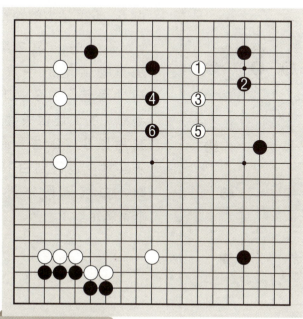

图4 无理的打入

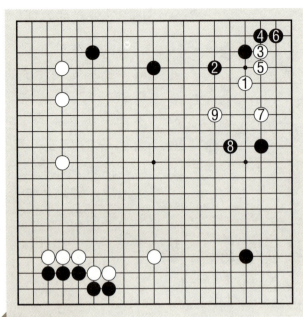

图 5 正解

不让黑棋在右上缔角对白棋来说至关重要。如果让黑棋在右上缔角，黑棋就能充分发挥中国流布局的价值。白 1 挂，黑 2 补，其后白 3 靠，以下到白 9，黑白双方互不相让，形成均势。

图 5 正解

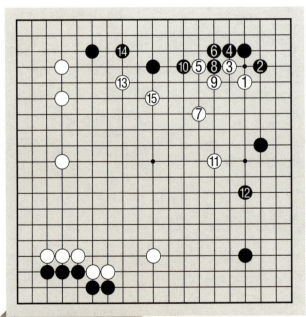

图 6 充满活力的外势

白 1 时，黑 2 虽是重视实地的手法，却是缓着。白 3 以下到白 7 的处理很关键。其后黑 8、10 过于追求实地，进行到白 15 时，白棋取得外势，非常满足。

图 6 充满活力的外势

问题 7　侵消的要点

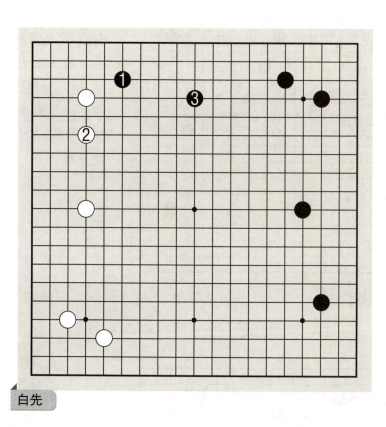

白先

黑1、3扩张上边,白棋如何侵消黑势?如果能熟知角、边和中腹的基本布局顺序,则问题比较容易解答。

图1 无理的打入

在目前角和边均有很多大场的情况下,白1打入时机不成熟。黑2尖顶是攻击的要点。以下到黑6,白棋受到如此攻击,已必输无疑。

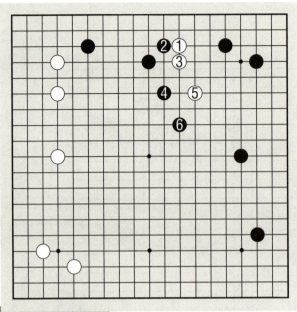

图1 无理的打入

图2 大同小异

本图中的白1打入,结果与图1大同小异。白2以下到黑6,白棋受到攻击,形状非常难看。而且这些白子在求活之时,必然要付出很多代价。

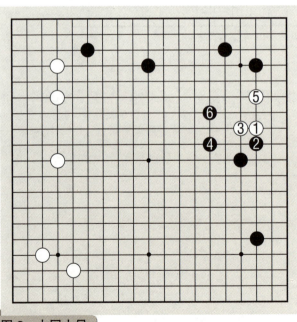

图2 大同小异

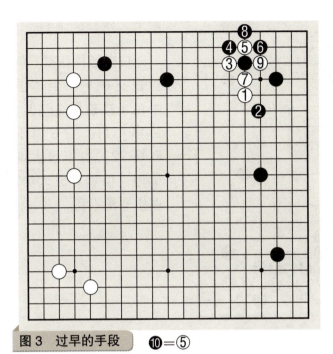

图3 过早的手段 ⑩=⑤

图3 过早的手段

如果要侵消黑势，本图中的白1是正确的手段，但黑2以下到黑10，黑棋轻易得以加固，白棋不满。白1这样的手段应在角和边都走完后，再予以考虑。

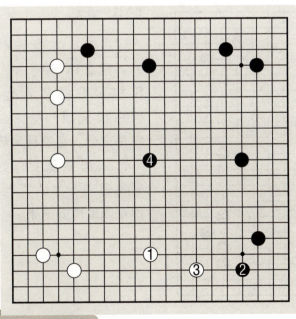

图4 张势要点

图4 张势要点

白1单纯在下边展开，黑2缔角，白3抢占最后一个大场，但是黑4抢占扩张的要点，白棋在大势上落后。

图5 绝好的飞封

白棋选择在右下角挂是正确的。但本图中白1挂被黑2飞封，白棋不好。白3以下到黑22，白棋虽占取实地，但黑筑成大势，白棋非常不利。

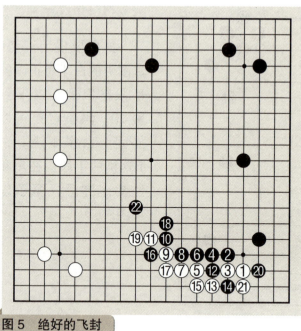

图5 绝好的飞封

图6 正解

白1挂才是正确的，黑2以下到白7，黑棋虽取得了实地，但白棋筑成外势，白棋很充分。在这种局势下，张势很重要，如果拘泥于不大的实地，则难以取得好结果。

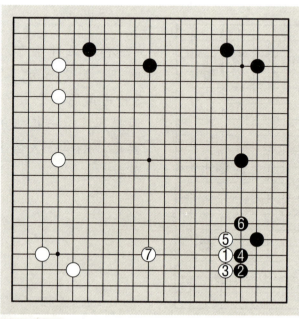

图6 正解

问题 8 判断应否出逃

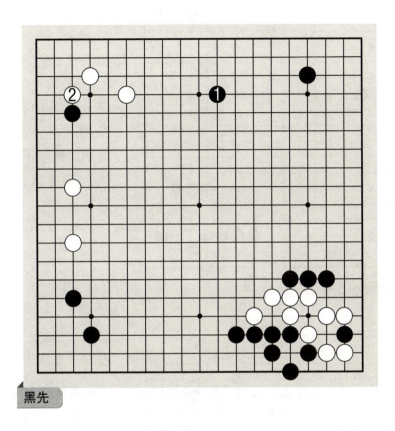

黑先

　　黑 1 在上边展开，白 2 在左上尖顶，攻击黑棋一子。其后黑棋是出动左上一子有利，还是占据其他大场有利？

图1 直接出逃无理

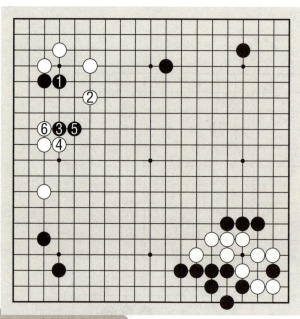

图1 直接出逃无理

黑1直接出动一子无理。白2跳，黑棋下一手棋很困难。黑3、5虽然是常用手段，但到白6时，黑棋根地被破坏，黑棋非常危险。黑棋不应直接出逃，而应抢先占据其他大场。

图2 黑棋受攻

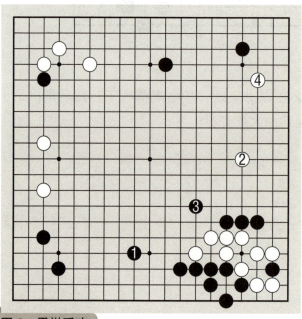

图2 黑棋受攻

黑1飞重视下边，但白2夹攻是绝好的点。黑3飞时，白4飞挂，左边黑棋三子受攻。而且由于这块黑棋呈弱形，下边黑棋就不能说很完整。

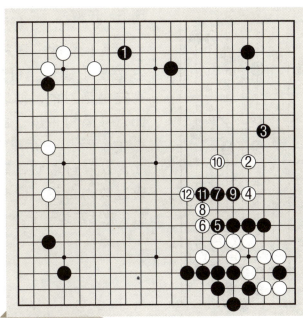

图 3 方向错误

图 3 方向错误

黑 1 飞是策应将来左侧黑棋一子出动的下法,白棋此时不在此处行棋,选择攻击右边黑棋三子的下法很正确。白 2 时,黑 3 过于贪心,白 4 以下到白 12,黑棋无根地而受攻,黑棋形势很危险。

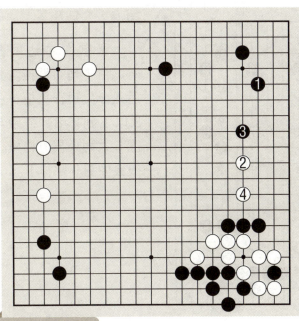

图 4 很难出动

图 4 很难出动

黑 1 缔右上角,同时也间接与下侧黑棋三子形成呼应。但白 2 攻击黑棋之后,黑棋难免处于劣势。黑 3 是抛弃黑棋三子的作战方法,白 4 之后,黑棋三子已很难出动。

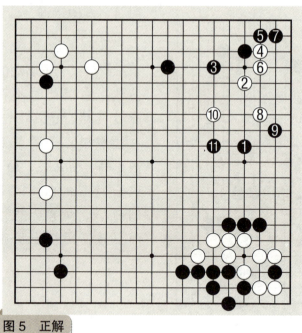

图5 正解

图5 正解

黑1大拆,重视右边是正确的。白2高挂是绝对的,如果此点被黑棋占据,白棋非常不利。其后黑3飞,以下到黑11,黑通过攻击白棋,便有机会救活左边一子。

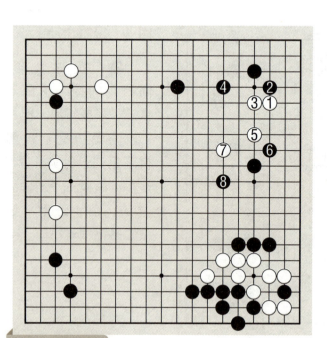

图6 大同小异

图6 大同小异

黑棋在右边展开时,白1也可低挂。其后黑2尖顶很重要,白3以下到黑8,结果与图5大同小异。白棋一般会像图5那样下。